Arena-Taschenbuch
Band 50673

**Tilde Michels**

wurde in Frankfurt a. M. geboren und lebte bis zu ihrem Tod in München. Sie war eine der bekanntesten deutschen Kinderbuchautorinnen. Außerdem arbeitete sie für Funk und Fernsehen und als Übersetzerin. Ihre Bücher wurden mehrfach ausgezeichnet.

**Tilman Michalski,**

lebt als freier Illustrator in München. Er arbeitet für Zeitschriften und Buchverlage; zusammen mit seiner Frau Ute ist er Autor fantasievoller Kinderbeschäftigungsbücher.

Tilde Michels

# Osterei & Glockenblume

Das Familienbuch zur Osterzeit

Mit farbigen Bildern
von Tilman Michalski

Arena

FSC
www.fsc.org
MIX
Papier aus verantwortungsvollen Quellen
FSC® C110508

1. Auflage als Arena-Taschenbuch 2015

Erstmals erschienen als Hardcoverausgabe unter dem Titel
»Im Frühling und zur Osterzeit. Geschichten und Bräuche«
in der Edition Bücherbär im Arena Verlag.

Einband- und Innenillustrationen: Tilman Michalski
Umschlagtypografie: knaus. büro für konzeptionelle und
visuelle identitäten, Würzburg
Gesamtherstellung: Westermann Druck Zwickau GmbH
ISSN 0518-4002
ISBN 978-3-401-50673-9

*www.arena verlag.de*

# Inhalt

## Erzählungen

## Von alten Bräuchen

# Erzählungen

*Der Ohle erzählt von früher*

# Vom Krautkopf und von den Osterhasenspuren

»Erzähl mir was, Ohle!«, sagt Conny zum Großvater. »Erzähl mir eine Geschichte vom Osterhasen.«
»Eine ausgedachte oder eine wahre?«, erkundigt sich der Ohle.
»Eine wahre. Von früher, als du klein warst. Wie der Osterhase zu euch gekommen ist.« Conny unterbricht sich und schaut den Großvater an. »Du, Ohle, die Kinder in der Schule sagen, es gibt gar keinen Osterhasen. – Hast du geglaubt, dass es einen gibt?«
»Du meinst, als ich so alt war wie du?«
»Mmmmh«, macht Conny.
»Oooch, weißt du«, sagt der Ohle, »dass ein Hase Eier legen kann, das hab ich nicht mehr richtig geglaubt.«
»Ich glaub's auch nicht mehr so richtig«, wirft Conny ein.
»Aber«, fährt der Ohle fort, »ich hab's immer noch glauben *wollen.*«
»Genau wie ich!«, ruft Conny.
»Na, siehst du«, sagt der Ohle, »da sind wir uns ja wieder einmal einig. Und jetzt erzähle ich dir, wie's an Ostern bei uns zu Hause war:
Ganz wichtig waren die Osternester. Mein Bruder Paul und ich haben schon ein paar Tage vor Ostern angefangen, Nester zu bauen. Aus Moos, damit der Osterhase weich sitzen konnte und damit die Eier nicht kaputtgingen. Moos gab's bei uns auf dem Land genug; unter den Bäumen beim Haus und natürlich im Wald. Paulchen war

zwei Jahre jünger als ich. Der konnte nur einfache runde Nester bauen, du weißt schon: mit einem Boden aus Moos und einem dicken Moosrand drum herum.«

»Hab ich auch schon gemacht«, sagt Conny.

»Aber ich«, erzählt der Ohle weiter, »habe am liebsten Nester gebaut, in die der Osterhase richtig hineinschlüpfen konnte. Dazu brauchte ich Stöcke vom Haselstrauch oder vom Holunder. Die Stöcke habe ich zu Bögen gespannt und mit jedem Ende in die Erde gesteckt. Der größte Bogen war vorn am Eingang, dann kam dahinter ein etwas kleinerer, dann noch ein kleinerer, immer so fort. Sieben oder acht Bögen, einer hinter dem andern bis zum allerkleinsten am Ende.«

»Wie ein Tunnel«, überlegt Conny.

»Aber ein Tunnel, der immer enger wird und hinten keinen Ausgang hat«, sagt der Ohle. »Das Gerüst aus den Haselstöcken habe ich dann mit Moos belegt. Innen wurde es natürlich auch mit Moos ausgekleidet. Das gab eine weiche grüne Höhle. – Kannst du dir das vorstellen?«

»Ganz genau«, sagt Conny. »So eine Mooshöhle will ich zu Ostern auch bauen. Hilfst du mir?«

»Mach ich«, verspricht der Ohle.

»Jetzt weiter von früher!«, verlangt Conny.

»Kennst du die Geschichte vom Krautkopf und den Hasenspuren? Nein? Also, die muss ich dir erzählen! Bei uns zu Hause gab's zu Ostern außer dem Nesterbauen und Eiersuchen noch etwas ganz Besonderes. Ich glaube, das gibt es sonst nirgends. Bei uns durfte jedes Kind am Abend vor Ostern einen Krautkopf unter sein Bett legen. Für den Osterhasen, damit er was zu fressen hatte, wenn er zu uns kam. Und in der Früh – stell dir vor! – war der Krautkopf weg. An seiner Stelle lagen viele bunte Eier.«

»Uiiih«, macht Conny.

»Das war schon sehr wunderbar. Aber noch viel wunderbarer war es, dass der Osterhase die Spuren seiner Pfoten auf dem Fußboden zurückgelassen hatte. Kleine weiße Abdrücke, richtige Hasentapsen, und sie führten von der Tür bis zu unseren Betten. – War das nicht ein Beweis, dass es den Osterhasen wirklich gibt? Mein Bruder Paul glaubte ganz fest daran.«

»Er war ja auch noch kleiner«, sagt Conny.

»Das mit den Hasenpfoten ist mir lange Zeit rätselhaft gewesen«, sagt der Ohle. »Ich hätte zu gern herausgekriegt, wie die in unser Zimmer kamen. – Und an einem Ostermorgen habe ich es schließlich entdeckt!

Ich war schon in der Morgendämmerung aufgewacht; Paulchen schlief noch fest. Gerade wollte ich nach meinem Krautkopf schauen, da öffnete sich die Tür ganz leise und mein Vater kam hereingeschlichen. Er angelte die beiden Krautköpfe unter unseren Betten hervor ...«

» ... und legte dafür Eier hin«, ergänzt Conny.

»Stimmt«, sagt der Ohle. »Unter jedes Bett schob er ein paar bunte Ostereier. – Und jetzt kommt die Sache mit den Hasentapsen! Der Vater hatte einen Topf mitgebracht; es war der Mehltopf aus der Küche. Er legte seine fünf Finger wie eine Pfote zusammen, tippte die Fingerspitzen in das Mehl und setzte damit Hasenspuren auf den Boden. Die sahen wirklich aus wie echt.

Mein Vater dachte natürlich, wir schlafen alle beide noch. Aber ich hab heimlich unter der Bettdecke hervorgelugt. Jetzt war mir alles klar! Nur eines wusste ich nicht: Sollte ich es meinem kleinen Bruder sagen oder nicht. – Was hättest du gemacht, Conny?«

»Ich«, erklärt Conny, »ich hätt es ihm *nicht* gesagt.«

»Und warum nicht?«, fragt der Ohle.

»Weil«, antwortet Conny, »weißt du, Ohle, so ein bisschen Osterschwindelei macht doch viel mehr Spaß.«

*Der Ohle erzählt von früher*

# Vom Frühling auf dem Land

»Ohle«, sagt Conny zum Großvater, »du musst mir eine Geschichte erzählen!«

»Wovon soll ich dir erzählen?«, fragt der Ohle.

»Von früher, als du klein warst. Was ihr gespielt habt und so.«

Der Ohle denkt nach.

»Weißt du, Conny, als ich klein war, haben wir ganz anders gespielt als ihr. Wir hatten keine ferngesteuerten Autos, keine Videospiele, keine Rollerblades. Außer einem Holzbaukasten gab's bei uns kein Spielzeug.«

»Aber ihr habt lebendige Tiere gehabt!«, wirft Conny ein.

»Wir hatten zwei Kühe, ein paar Hühner, einen Schäferhund und drei Katzen«, sagt der Ohle. »Und ich hatte außerdem noch Kaninchen. Die gehörten mir ganz allein. – Aber Spielzeug waren die Tiere eigentlich nicht.«

»Ich meine ja auch nicht spielen mit Spielzeug«, sagt Conny. »Ich meine, was ihr so alles gemacht habt.«

»Auf dem Land«, sagt der Großvater, »hat sich immer alles nach der Jahreszeit gerichtet, viel mehr als hier in der Stadt. Der Winter zum Beispiel, das war eine harte Zeit für uns. Meterhoher Schnee und Schneeräumer gab's nicht. Da mussten alle anpacken und die Wege freischaufeln. Wir Kinder sind jeden Tag in aller Früh in die Schule gestapft; fast eine Stunde weit. Pelzgefütterte Stiefel und gesteppte Anoraks wie ihr hatten wir natürlich nicht. Du kannst dir denken, dass alle froh waren, wenn der viele Schnee endlich weggetaut war.«

Der Ohle denkt eine Weile nach und erzählt dann weiter: »Der Frühling ist auf dem Land halt besonders schön. Wenn die wilden Krokusse auf der Wiese stehn und die Schlüsselblumen und wenn im Wald der Seidelbast blüht mit seinen violetten Blüten und seinem starken Duft. Und wenn die ersten Eidechsen aus dem Winterschlaf erwachen und an die Sonne kommen. Die Eidechsen überwintern oft in den alten Strohhaufen. Wenn du da an einem warmen Frühlingstag vorbeikommst, hörst du's rascheln und kannst sie flitzen sehn.

Mein Bruder Paul und ich kannten einen Platz, wo sich immer viele Eidechsen sonnten. Es war eine Sandkuhle. Da speicherte sich die Wärme.«

»Habt ihr die Eidechsen auch mal gefangen?«, fragt Conny.

»Natürlich. Und wir hatten einen Trick dabei.«

»Was denn für einen Trick?«, will Conny wissen.

»Also«, sagt der Ohle, »wenn du versuchst, eine Eidechse von hinten zu fangen, schaffst du das nie. Die sind viel schneller als deine Hand. Wir haben aber herausbekommen, dass sie meistens still sitzen bleiben, wenn du deinen Zeigefinger langsam von vorn auf sie zuschiebst. Das musst du aber ganz langsam machen. Dann kannst du ihnen sacht die Kehle reiben. Das mögen sie, da halten sie ganz still.«

»Ist ja nicht wahr! Du willst mich nur anschmieren!«, ruft Conny.

»Bestimmt nicht, Conny!«, versichert der Ohle. »Das ist wirklich wahr. Wir haben das oft ausprobiert: mit der einen Hand von vorn die Kehle gestreichelt und mit der anderen gefangen.«

»Das ist aber gemein!«, sagt Conny.
»Gebe ich zu«, sagt der Ohle. »Das war hinterhältig. Aber wir haben die Eidechsen immer gleich wieder laufen lassen. Wir wollten sie nur mal in der Hand halten.«
Conny schiebt ihre kleinen Finger in Ohles Hand und flüstert: »Psst, die Eidechse kommt!« Eine Weile bleibt sie still neben dem Großvater sitzen. Dann zieht sie die Finger zurück und sagt: »Weiter! Was habt ihr sonst noch gemacht?«
Und der Ohle erzählt von dem Bach, an dem er in seiner Kinderzeit gespielt hat. »Ein ganz klarer Bach war das und er hat sich durch die Wiesen geschlängelt. Wenn im Frühjahr das Eis geschmolzen war, haben wir unser erstes Fußbad genommen. Das Wasser war natürlich noch bitterkalt. Aber da war ein schmaler Steg, auf den haben wir uns gesetzt und die Füße ins Wasser baumeln lassen. Ich hab zu meinem Bruder Paul gesagt: ›Wir wollen mal wetten, wer's am längsten aushält.‹ Aber Paulchen wollte nicht mitmachen. Dem wurden immer gleich die Zehen blau.«
»Wenn ich an so einem Bach wär«, sagt Conny, »dann würd ich einen Damm bauen.«
»Dämme haben wir natürlich auch gebaut«, sagt der Ohle. »Mit Steinen, Schlamm und Ufergras haben wir das Wasser gestaut und gewartet, bis es sich einen neuen Weg durch die Mauer gebrochen hatte.
Aber weißt du, Conny, an so einem Frühlingstag braucht man gar nicht immer etwas zu tun. Da legt man sich einfach ins Gras. Ich spüre noch genau, wie das war: Die Erde ist schon durchsonnt und es riecht nach Moor, nach feuchtem, warmem Moor. Ein Frosch quarrt in einem Tümpel. Ein Vogel sammelt Gräser für sein Nest.

Und hoch oben in der Luft kreisen Bussarde. Sie segeln ganz ruhig, ohne mit den Flügeln zu schlagen. Wenn du ihnen lange zuschaust, musst du die Augen zukneifen vor lauter Licht und blauem Himmel.«

Conny versucht, sich das vorzustellen mit den Bussarden hoch am Himmel und dem blendenden Licht.

»Ich glaub«, sagt der Ohle, »wir müssen einmal zusammen hinausfahren. Dann kann ich sie dir zeigen, die Bussarde.«

»Und die Eidechsen«, sagt Conny.

»Und den Moorbach«, sagt der Ohle.

»Und den ganzen Frühling«, sagt Conny.

»Und den ganzen Frühling«, bekräftigt der Ohle.

»Wann fahren wir?«, will Conny wissen.

»Von mir aus«, sagt der Ohle, »von mir aus schon morgen.«

*Der Ohle erzählt von früher*

# Von den Kaninchen

»Ohle«, sagt Conny zum Großvater, »du musst mir eine Geschichte erzählen!«
»Was willst du denn heute hören?«, fragt der Großvater.
»Etwas von Tieren«, sagt Conny. »Was für Tiere hast du gehabt, als du klein warst?«
»Meine Lieblingstiere waren die Kaninchen«, sagt der Großvater. »Ich hatte drei Kaninchen, zwei Weibchen und einen Rammler – so nennt man das Männchen bei den Hasen.«
»Hatten die auch Namen?«, will Conny wissen.
»Klar«, sagt der Großvater. »Das eine Weibchen hieß Schecki, weil es weiß und braun gescheckt war. Das andere war silbergrau und hieß Tina. Der Rammler war ganz schwarz; den habe ich Mohr genannt. Ich habe sie von einem Nachbarn getauscht, der eine große Kaninchenzucht hatte.«
»Was hast du ihm denn dafür gegeben, Ohle?«
»Ein Taschenmesser und ein paar lederne Riemen.«
»War das ein guter Tausch?«, fragt Conny.
»Für mich damals schon«, sagt der Ohle. »Geld hatte ich ja als Bub nicht und der Nachbar hat seine Kaninchen nur zum Verkaufen aufgezogen.«
»Aber mit dir hat er getauscht«, sagt Conny.
»Mit mir schon, weil ich so lange darum gebettelt habe.«
»Hast du die Kaninchen frei rumlaufen lassen?«

»Zuerst schon«, sagt der Ohle. »Im hintersten Teil unseres Obstgartens habe ich ein Stück Land mit einem Zaun abgegrenzt und hab sie hineingesetzt. Der Zaun war ziemlich hoch, aber nach zwei Tagen hatten die Kaninchen heraus, dass sie darüber springen konnten. Das hättest du mal sehen müssen! Mit einem Satz, einfach aus dem Stand – hopp –, draußen waren sie! Und dann musste ich stundenlang hinter ihnen herlaufen, bis ich sie wieder eingefangen hatte.«
Conny muss lachen. »Einfach – hopp – über den Zaun!«
»Daraufhin«, fährt der Ohle fort, »habe ich einen doppelt so hohen Zaun gezogen. Da konnten sie nicht mehr drüber. Aber nach einigen Wochen passierte etwas anderes.«
»Was?«, fragt Conny gespannt.
»Als ich nach ihnen schauen wollte, war kein einziges Kaninchen im Gehege zu sehen. Ich entdeckte aber zwei große Löcher im Boden und vor den Löchern einen Wall von Erde. Ich habe mich flach auf den Boden gelegt und in eines der Löcher geschaut. Da sah ich den Stummelschwanz von der Schecki. Sie bewegte sich in dem Loch, und gleich darauf beförderte sie mit ihren Hinterläufen eine Fuhre Erdreich nach draußen. Mohr und Tina steckten in dem anderen Loch. Wie ich später feststellte, hatten sie einen Gang gegraben, der unter der Erde bis an die Grenze unseres Grundstücks führte.«
»So lang war der?«, wundert sich Conny.
»Weißt du«, sagt der Ohle. »Hauskaninchen haben nämlich noch das Blut der Wildkaninchen in sich. Und Wildkaninchen bauen tiefe Schächte und Höhlen in die Erde. Da verstecken sie sich und da haben sie ihre Jungen. Bei Gefahr, wenn sie zum Beispiel ein verdächtiges Geräusch hören oder wenn ein großer Vogel über sie hinwegfliegt, verschwinden sie – schwupp – in ihre Löcher. Meistens gibt

eines der älteren Kaninchen zuvor ein Trommelzeichen. Es klopft dann mit einem Hinterlauf hart und rasend schnell auf den Boden.«

»Bei Gefahr«, wiederholt Conny.

Der Ohle nickt. »Und weil es im Freien gefährlich war, musste ich meine Kaninchen in einen richtigen Stall setzen. Nachts schlich nämlich ein Marder herum.«

»Haben sie auch mal Junge bekommen, Ohle?«, fragt Conny.

»Natürlich haben sie das. Mehr, als ich gebrauchen konnte. Kaninchen können bis zu sieben Mal im Jahr Junge bekommen. Aber der erste Wurf war für mich der schönste. Ich wollte gar nicht weg vom Stall, damit mir ja nichts entging.

Zuerst hab ich gemerkt, dass die Tina ziemlich dick wurde. Sie fing an, die Strohschütte in einer Ecke zusammenzuscharren und sich Wolle aus dem Fell zu rupfen. Damit hat sie eine Kuhle im Stroh ausgepolstert.«

Conny stellt sich das ganz genau vor. »Das war das Nest für die Jungen.«

»Richtig«, sagt der Ohle.

»Hast du gesehn, wie sie geboren wurden?«, fragt Conny.

»Ausgerechnet das«, antwortet der Ohle, »hab ich nicht gesehen. Dabei hat sich die Tina nicht zuschauen lassen. Sie hat ihre Jungen heimlich nachts auf die Welt gebracht.

Als ich in der Früh zum Stall kam, hockte die Tina vor ihrem Nest und schaute hinein. Unbeweglich saß sie da. Von den Jungen konnte ich in den ersten Tagen nichts sehen. Die waren ganz zugedeckt mit der Wolle, die sich die Tina ausgezupft hatte. Als die jungen Kaninchen anfingen herumzukrabbeln, habe ich sie gezählt. Zehn Stück waren es, stell dir vor! Zuerst waren sie winzig und ganz nackt.«

»Nackt?«, wiederholt Conny. »Ist das denn schön?«

Der Ohle muss lachen. »Schön oder nicht – sie werden halt so geboren! Und blind sind sie zu Anfang auch. Erst nach zehn Tagen gehen ihre Augen auf. Inzwischen ist ihnen auch das Fell gewachsen, dann sehen sie wirklich hübsch aus.

Bei den Wildkaninchen ist das alles sehr ähnlich. In der freien Natur – das habe ich dir schon gesagt – werfen sie ihre Jungen in einer Höhle unter der Erde. Eine extra Kinderstube legen sie dafür an. Außerdem haben die wilden ein graubraunes Fell, ähnlich wie die Feldhasen. Hauskaninchen sind verschiedenfarbig. Bei Tinas erstem Wurf waren fünf silbergrau wie Tina, vier waren schwarz wie der Mohr und ein schwarz-weißes war auch dabei.

Aber zehn junge Kaninchen! Was sollte ich damit? Ich habe sie verschenken müssen.«

»Verschenkt hast du sie? Alle?«, ruft Conny.

»Die Schecki hatte inzwischen auch Junge geworfen und mein Vater sagte: ›Wenn das so weitergeht, haben wir in einem Jahr mehr Kaninchen als Haare auf dem Kopf. – Keine Jungen mehr! Der Rammler muss weg!‹

Ich wollte den Mohr nicht weggeben. Er war so schön mit seinem

schwarzen, seidigen Fell. Behalten habe ich ihn aber trotzdem nicht. Er war nämlich eines Morgens verschwunden. Ob er seinen Stall selbst aufgebrochen hat oder ob ihn jemand freigelassen hat, habe ich nie herausbekommen.«

»Warst du da traurig?«, fragt Conny.

»Natürlich«, sagt der Ohle. »Zuerst schon. Aber die Geschichte hat noch ein Nachspiel, und das ist überhaupt nicht traurig. Hör zu!

In unserer Gegend gab es eine Menge Wildkaninchen. Auf der Wiese bei unserem Rübenacker hoppelten sie in der Dämmerung herum. Eines Abends kam mein älterer Bruder vom Acker und sagte: ›Wenn du deinen Mohr sehen willst, der sitzt mit den wilden auf der Hasenwiese.‹

Ich rannte sofort hin und schlich mich vorsichtig an. Tatsächlich, da hoppelte ein schwarzes Kaninchen zwischen den graubraunen über die Wiese. Aber mein Mohr war das nicht. Es war nämlich viel kleiner. –Na, Conny, was glaubst du, was das für ein kleines schwarzes Kaninchen war?«

»Vielleicht ... vielleicht ein Junges vom Mohr?«

»Richtig«, sagt der Ohle. »Mein Mohr ist zu den Wildkaninchen übergelaufen. Und er ist von ihnen angenommen worden.

In den folgenden Jahren haben wir immer wieder mal ein schwarzes Kaninchen in der Gemeinschaft der wilden gesehen. Und das war ... «

»Entweder der Mohr oder ein Kind von ihm«, ergänzt Conny.

»So war es«, bestätigt der Großvater.

Und damit ist seine Kaninchengeschichte zu Ende.

# Zwei kleine Feldhasen

Bei einem blühenden Ginsterbusch liegen Lorre und Betsy in einer Feldmulde, dicht an den Boden gedrückt. Die beiden Hasenkinder warten auf die Mutter, die auf den Krautacker gehoppelt ist.
Lorre und Betsy warten und lauschen. Sie sind noch sehr klein; erst vor vier Tagen wurden sie geboren. Aber sie sind schon fertige Hasen mit Fell, offenen Augen und einem feinen Gehör.
Um sie herum sind Laute und Geräusche: ein Sirren, ein Summen, ein Vogelschrei, ein Rascheln zwischen dürren Gräsern; Schritte, die sich nähern und wieder entfernen. – Und dann kommt die Mutter zurück. Die beiden Häschen erkennen sie an ihrem leisen, beruhigenden Knurren. Aber sie springt nicht gleich zu ihnen in die Mulde. Sie hoppelt am Lagerplatz vorbei, zieht einen weiten Bogen, läuft auf der eigenen Spur ein Stück zurück, und erst wenn sie ihre Fährte genügend verwischt hat, setzt sie mit einem Hops in die Kuhle zu ihren Jungen. Lorre und Betsy fangen sofort zu saugen an. Graubraun wie die Erde liegen alle drei in der Kuhle, gut getarnt gegen ihre Feinde, den Fuchs und den Habicht und die Raben.
Aber bei Nacht krabbeln auch Lorre und Betsy aus ihrem Versteck. Wenn sie acht Tage alt sind, brauchen sie schon ein paar zarte Knospen und frischen Klee. Sie müssen schauen, dass sie bald selbstständig werden, denn lange wird die Mutter sie nicht mehr säugen. Dann geht sie wieder ihre eigenen Wege und bekommt bald neue Junge.
Auf ihrem nächtlichen Ausflug bleiben Lorre und Betsy dicht beieinander. Sie beschnuppern alles ganz genau: den Löwenzahn, die

scharfen Pfefferminzblätter und die vertrocknete Schnecke. Ihre kleinen Nasen sind ständig in Bewegung und die Ohren halten sie steil aufgerichtet, damit ihnen kein Geräusch entgeht. Wenn der Schatten einer Eule im Mondlicht über sie hinweghuscht, flüchten sie ins Gebüsch und drücken sich flach auf die Erde. Und wenn sie der Mutter anzeigen wollen: »Hier sind wir«, dann trommeln sie mit den Pfoten auf den Boden. Sogar ihr Fell putzen sich Lorre und Betsy schon selbst. Sie machen das sehr gründlich. Aufrecht sitzen sie auf den Hinterläufen, machen ihre Vorderpfoten mit Spucke nass und fahren sich damit über das Gesicht und den Kopf. Dann kommen die Ohren dran. Zuerst ziehen sie das eine, dann das andere mit den Pfoten herunter und bearbeiten es ausgiebig. Das übrige Fell belecken sie mit der Zunge und kämmen es mit den Schneidezähnen durch. So klein sie sind, sie haben schon Zähne; die haben sie mit auf die Welt gebracht.

Heute in der Früh hatten Lorre und Betsy ein aufregendes Erlebnis. Sie haben den Wettlauf ihrer Mutter mit einem Hund beobachtet. Gerade als die Mutter sich der Mulde mit den Jungen nähern wollte, kam ein riesiger Hund über das Grasland gerannt. Die Häsin blieb in einigem Abstand zu Betsy und Lorre sitzen. Zu den Jungen durfte sie jetzt nicht. Wenn der Hund sah, wohin sie lief, würde er die Hasenkinder entdecken.

Bis auf wenige Meter ließ die Häsin den großen Hund an sich heran, dann schnellte sie mit einem Satz auf und raste davon. Der Hund hetzte hinter ihr her. Lorre und Betsy verfolgten die Jagd von ihrem Versteck aus mit klopfendem Herzen.

Mit weiten, gestreckten Sprüngen lief die Mutter über das Grasland. Ganz leichtfüßig sah das aus. Einmal kam der Hund ihr dicht auf die

Fersen. Da änderte sie blitzschnell die Richtung und rannte entgegengesetzt weiter. Der Hund merkte das zu spät. Er raste noch ein Stück fort, und als er in vollem Lauf wenden wollte, überschlug er sich beinahe. Die Häsin aber war mittlerweile im Buschwerk verschwunden. Lorre und Betsy werden das auch bald können: so geschwind laufen wie die Mutter, Haken schlagen und den Verfolger täuschen. Lang wird es nicht mehr dauern, denn sie werden von Tag zu Tag größer und kräftiger. Sie gehen schon nicht mehr ständig zusammen auf Erkundungen aus. Lorre hat den Weg zum Krautacker ganz allein für sich gefunden und Betsy hat ein Kleefeld entdeckt. Dort sitzt sie

jeden Abend in der Dämmerung und mümmelt die saftigen Kleebüschel. Dabei ist sie wachsam. Wenn sie frisst, hält sie von Zeit zu Zeit inne, richtet sich auf und lauscht mit hochgestellten Ohren.
Da – am Waldrand rührt sich etwas. Es tappt näher, leise und gefährlich. Ein Schatten schleicht sich an. Betsy schnellt mit einem Satz hoch und rennt los. Zum ersten Mal rennt sie um ihr Leben. Sie hetzt über das Kleefeld, setzt über einen Graben, rennt nach Hause zur Erdkuhle beim Ginsterstrauch!
Ihren Verfolger hat sie abgeschüttelt. Aber die Mulde findet sie leer. Die Mutter und Lorre sind fort. Sie kommen in dieser Nacht nicht zurück und auch am folgenden Tag nicht. Denn von jetzt ab wird jeder seinen eigenen Weg gehen.
Betsy setzt sich auf die Hinterläufe und beginnt, ihre Ohren zu putzen. Eins nach dem anderen, ganz gründlich. Dann verlässt auch sie die Mulde, in der sie geboren wurde, für immer und hoppelt im Schein des Vollmonds über das Grasland davon.

## Wer kennt den Unterschied zwischen Feldhasen und Wildkaninchen?

Feldhasen und Wildkaninchen sehen sich ähnlich und werden oft miteinander verwechselt. Trotzdem unterscheiden sie sich in ihrer Lebensweise ganz erheblich. Auch die Erbanlagen sind so verschieden, dass eine Kreuzung zwischen Hasen und Kaninchen unmöglich ist.
Im Vergleich haben zwar beide graubraunes Fell, aber die Hasen sind größer, haben längere Ohren und längere Beine. Die Köpfe der Kaninchen sind runder.
Was in der Dämmerung auf Wiesen und am Waldrand in Scharen

herumhoppelt, sind immer Kaninchen. Denn Kaninchen sind gesellige Tiere, die in großen Familien zusammenleben. Der Feldhase dagegen ist ein Einzelgänger.
Hier sind die hauptsächlichen Unterschiede gegenübergestellt:

**Feldhasen**
leben einzeln im freien Feld. Sie drücken sich zum Schlafen und bei Gefahr in Erdmulden (Sassen). Auf der Flucht sind sie ausdauernde Läufer; Geschwindigkeit bis zu 80 km in der Stunde. Feldhasen bekommen drei- bis viermal Junge pro Jahr; bis zu vier Junge bei jedem Wurf.
Die Jungen werden in einer Sasse geboren. Die Häsin legt sie, ohne ein besonderes Nest zu bauen, auf die bloße Erde.
Junghasen kommen mit Fell und Zähnen zur Welt. Sie können sofort sehen, hören und sich frei bewegen. Sie werden zwei bis drei Wochen gesäugt, dann von der Mutter verlassen.

**Wildkaninchen**
graben Erdbaue mit tiefen Schächten. Bevorzugt wird sandiges, hügeliges Land. Sie wohnen in Kolonien von oft 300 bis 400 Tieren. Flüchten bei Gefahr in ihren Bau. Wildkaninchen bekommen fünf- bis siebenmal Junge pro Jahr; bis zu neun Junge bei jedem Wurf.
Im Kaninchenbau gibt es besondere Höhlen, wo die Jungen geworfen werden (Wurfkessel). Das Muttertier rupft sich Wolle vom Bauch und polstert damit ein Nest.
Kaninchen werden nackt, blind und taub geboren. Nach zehn Tagen öffnen sich ihre Augen. Dann können sie auch hören, haben Fell und krabbeln. Die Kaninchenmutter widmet sich ihren Jungen vier Wochen lang.

*Nori erzählt*

# Wie es mit den Kaulquappen geht

In den Ferien fahre ich am liebsten zu meinen Großeltern. Sie leben in einem kleinen Dorf und ihr Haus steht auf einem Hügel. Wenn man den Hang hinunterläuft, ist man gleich im Moor.

Am schönsten ist es im Frühjahr, wenn die Kaulquappen ausgeschlüpft sind. Die wimmeln in den warmen Tümpeln herum. Wenn man mit beiden Händen Wasser schöpft, hat man gleich drei oder vier Stück gefangen. Das Wasser rinnt dann durch die Finger davon und die Kaulquappen zappeln mit ihren Schwänzen und den dicken Bäuchen in den nassen Händen.

In jedem Frühjahr gibt es unheimlich viele Kaulquappen im Moor. Mindestens eine Million. Wenn aus allen Kaulquappen der Erde Frösche würden, dann gäbe es bald nur noch Frösche auf der Welt.

Mein Vater hat gesagt, es muss von allem in der Natur so viel geben, weil sich die Tiere untereinander auffressen. Die Frösche werden oft schon aufgefressen, wenn sie noch Kaulquappen sind. Das habe ich selbst gesehen. Da gibt es eine Larve, aus der später die Libelle schlüpft. Die Larve lebt auch in den Moortümpeln. Sie ist ungeheuer gefräßig und sieht abscheulich aus: dunkelgrau und länger als mein Zeigefinger, aber viel dünner. Ihr hinteres Ende läuft ganz spitz zu. Am Kopf hat sie eine Zange, mit der zwackt sie. Mich hat mal eine in den Finger gezwackt; das hat gleich geblutet und furchtbar wehgetan. Meine Mutter hat gesagt, ich soll nicht alles Viehzeug anfassen. Das muss man aber, sonst kann man ja nicht wissen, was

so ein Tier macht. Wenn ich die Libellenlarve nicht angepackt hätte, wüsste ich nicht, wie toll sie zuschnappen kann.
Ich hab auch gesehen, wie sie den Kaulquappen nachjagt. Sie schlägt ihre Zange in die Kaulquappenbäuche, dass der Saft herausquillt.
Neulich ist meine Tante Heidrun mit uns hinausgefahren. Ich hab sie mit ins Moor genommen und ihr gezeigt, wie es die Libellenlarve macht. Tante Heidrun war aber entsetzt und hat fortgeguckt. Das wäre Mord, hat sie gesagt, und ich wäre zu jung, um mir so etwas anzuschauen. Und sie hat so getan, als sei das roh und grausam von mir. Das kann ich überhaupt nicht verstehn. Mein Vater hat gesagt, in der Natur gibt es keinen Mord.
Mir tun die Kaulquappen ja auch leid, aber was kann denn die Libellenlarve dafür, dass ihr eine Zange am Kopf festgewachsen ist?

# Osterhasen-Story

In einer einsamen Heide, wo nie ein Mensch hinkam, gab es einmal ein Osterhasen-Dorf. Dort lebten alle Osterhasen einträchtig zusammen. Zur Osterzeit legten sie bunte Eier, trugen sie in Körben zu den Menschen und versteckten sie für die Kinder.

So weit war alles gut!

Mit der Zeit aber gab es immer mehr Kinder und diese Kinder wollten immer mehr Ostereier haben. Die Hasen kamen mit dem Legen einfach nicht mehr nach und es passierte oft, dass Kinder ihre Osternester leer fanden.

So konnte es nicht weitergehn, das war klar. Deshalb kamen die Osterhasen auf dem großen Heideplatz zusammen, um zu beraten.

Der Altosterhase sprach als Erster. »Liebe Osterhasenbrüder und -schwestern, ihr wisst, um was es geht: Der Markt für Ostereier hat sich beträchtlich erweitert. Wir müssen mehr produzieren.«

»Mehr? Wie denn, wie denn?«, riefen die anderen. »Wir tun ja schon, was wir können!«

Alle begannen, laut durcheinanderzureden:

»Pro Tag ein Ei – mehr geht nicht.«

»Ein Ei ist mehr als genug. Ich hab schon einen ganz wehen Hintern von dem Gedrücke.«

»Es gibt viel zu wenig Osterhasen.«

»Richtig! Der Nachwuchs fehlt.«

»Die Jungen wollen keine Eier mehr legen.«

Hier schalteten sich die Junghasen ein.

»Stimmt! Wir wollen nicht!«
»Diesen Stress machen wir nicht mit!«
»Außerdem sind wir Säugetiere und kein Federvieh.«
»Das Eierlegen muss abgeschafft werden!«
Dieser Protest der Jungen löste einen Tumult aus. Die Junghasen verteidigten ihre Ansicht lautstark. Die Älteren redeten lautstark dagegen:
»Noch grün hinter den Löffeln!«
»Erst mal Erfahrung sammeln!«
»Wir in eurem Alter … «
Der Altosterhase hob beide Vorderläufe, um sich Gehör zu verschaffen.
»Ich finde«, rief er, »ich finde, die Junghasen haben gar nicht so unrecht. Mit dem Eierlegen betreiben wir in der Tat ein – man könnte sagen – artfremdes Geschäft. Es wäre besser, wenn wir uns auf unsere natürliche Bestimmung als Säugetiere besinnen würden.«
»Und wer bitte«, schrie ein Hase, »soll in Zukunft die Ostereier legen?«
Der Altosterhase schaute pfiffig in die Runde. Alle sahen ihm an, dass er etwas Besonderes auf Lager hatte. »Ich schlage vor«, sagte er, »dass wir das Legen der Eier … « Er unterbrach sich und schaute wieder pfiffig in die Runde. Damit erreichte er, dass die Spannung wuchs.
»Was schlägst du vor? Sprich doch weiter!«, drängten ihn die Hasen.
Da räusperte sich der Altosterhase und sagte: »Kurz und klar: Wir sollten das Legen der Eier den Hühnern überlassen.«
Wieder entstand ein wilder Aufruhr. Die Junghasen trommelten

mit den Vorderpfoten begeistert Beifall. Die älteren Hasen aber spalteten sich in zwei Lager. Die einen waren für den Vorschlag, die anderen dagegen. Die einen redeten von altehrwürdiger Pflicht, die anderen von lästiger, hasenunwürdiger Plackerei.

Sie diskutierten lange und schließlich einigten sie sich auf eine Lösung, die allen gefiel: Sie wollten Hühner anschaffen, die das Legegeschäft übernahmen. Das Eierfärben und Verstecken aber sollten die Osterhasen weiterhin besorgen.

Da Ostern vor der Tür stand, hatte die Sache größte Eile. Eine Abordnung von drei Hasen wurde zu den Hühnern gesandt, um mit ihnen zu verhandeln. Sie boten den Hühnern ein bequemes Leben bei freier Wohnung und Kost an. Eier legen brauchten sie nur zur Osterzeit. Im übrigen Jahr sollten sie Ferien haben.

Das Angebot war verlockend und es fanden sich sofort genügend Hühner, die darauf eingingen. So kam es, dass die drei Abgesandten schon bald mit einem großen Gefolge gackernder Hennen in das Osterhasendorf einzogen.

Die Hennen wurden gleichmäßig auf alle Osterhasen verteilt. Auf jeden trafen drei. Das machte pro Hase drei Eier täglich, also dreimal so viel wie bisher. Genug, um alle Osternester zu füllen.

Von Stund an änderte sich das Leben im Osterhasendorf. Das Färben der Hühnereier gefiel den Hasen außerordentlich. Sie fingen sogar an, Eier zu bemalen und mit Mustern zu schmücken. Es entspann sich ein wahrer Konkurrenzkampf um das schönste Osterei.

Zu Anfang waren auch die Hühner zufrieden. Aber nicht lange.

Eine weiße Henne fing als erste zu nörgeln an.

»Die Hasen suchen sich das Beste heraus. Das, was Spaß macht. Uns halsen sie die Schwerarbeit auf.«

»Die weiße Henne hat recht«, krakeelten die anderen. »Wir werden ausgenützt. – Aber was sollen wir tun?«

Die weiße Henne plusterte sich auf und erklärte: »Ganz einfach! Wir färben unsere Eier in Zukunft selbst.«

Das Gegacker verstummte augenblicklich. – So einfach war das! Es musste nur einer darauf kommen.

»Klar! Selbst färben!«, schrien die Hühner.

»Unsere Eier«, sprach die weiße Henne weiter, »sind das Wichtigste.

Der Grundstoff, sozusagen. Ohne Eier kein Färben, ohne Eier kein Verstecken, ohne Eier keine Ostern! – Klar?«

»Klar!«, riefen die Hühner.

»Ich schlage vor«, sagte die weiße Henne, »wir verlassen das Hasendorf noch heute und machen eine eigene Ostereierwerkstatt auf.«

So geschah es. Und ehe die Osterhasen begriffen, was los war, gackerte und flatterte die ganze Hühnerschar aus dem Dorf hinaus.

Jetzt waren die Osterhasen wieder unter sich. Jetzt ging die Plage mit dem Selberlegen wieder los! Aber dazu hatten nur noch wenige Lust.

Die Junghasen machten sich als Erste davon. Sie liefen zu den Feldhasen über und hatten bald vergessen, dass sie ursprünglich Osterhasen werden sollten. Auch von den älteren zogen viele das Leben in der freien Natur vor.

»Ich bin nicht mehr der jüngste«, entschuldigte sich einer.

»Dieser Termindruck zu Ostern hat meine Nerven zerrüttet«, sagte ein anderer.

Ein dritter meinte: » Was hat man schon davon, ein Osterhase zu sein?«

Einer nach dem andern verschwand aus dem Dorf. Zurück blieb der Altosterhase mit einem kleinen Häuflein Getreuer – alles echte, verantwortungsbewusste Osterhasen.

Sie strengten sich mit dem Eierlegen ungeheuer an. Trotzdem schafften sie es natürlich nicht, ihre Eier überallhin zu bringen, und die Hühner nützen die Marktlücke nach Kräften aus. – Deshalb weiß zu Ostern keiner genau, ob er ein gefärbtes Hühnerei oder vielleicht doch ein echtes Osterhasenei erwischt hat.

# Ein Schnuller für den Osterhasen

Meine kleine Schwester ist schon vier, aber sie hat noch bis jetzt ihren Schnuller im Mund gehabt. Von dem hat sie sich nie getrennt. Der musste sogar nachts unter ihrem Kopfkissen liegen. Sie nannte ihn ihren Ditzi.

Alle haben über meine Schwester gelacht.

»Schämst du dich nicht, Silvi? So ein großes Mädchen und noch einen Schnuller im Mund?«

Aber meine Schwester hat sich nicht geschämt. Geschämt hat sich nur meine Mutter. Sie wollte keine vierjährige Tochter, die noch mit einem Schnuller herumlief. Deshalb hat sie alles versucht, um Silvi das abzugewöhnen. Sie hat den Schnuller versteckt, sie hat ihn mit Senf beschmiert, sie hat Silvi erklärt, dass sie schiefe Zähne vom Schnullern bekommt. Aber Silvi hat die Mutter nur mit einem ganz leeren Gesicht angeschaut und weitergeschnullert.

Wenn meine Schwester den Schnuller nicht im Mund hatte, lag er wohlverwahrt an einem bestimmten Platz. Große Leute verlegen immer alles; ihre Geldbörse, ihre Brille, ihre Schlüssel, und dann suchen sie aufgeregt in der ganzen Wohnung herum. Silvi brauchte nie zu suchen. Sie wusste genau, wo ihr Ditzi lag. Mit ihren anderen Sachen war sie nicht so ordentlich. Wenn der Schnuller nicht an seinem Platz lag, war es klar, dass Mutter ihn wieder einmal fortgenommen hatte. Das gab jedes Mal ein fürchterliches Gezeter. Silvi plärrte und jammerte so lange nach ihrem Ditzi, bis meine Mutter zu viel bekam und ihn ihr zurückgab.

»Tu du doch auch mal was!«, sagte meine Mutter zum Vater. »Wie lange soll Silvi denn noch schnullern?«
Ich glaube, sie haben alle beide oft darüber geredet und dabei ist schließlich ein Plan herausgekommen. Das war kurz vor Ostern. Silvi und ich hatten schon die Nester für die Ostereier gebaut. Da entdeckte Silvi am Abend in ihrem größten Nest einen Brief. Ein Osterhase war darauf gemalt.
Ganz aufgeregt kam sie ins Wohnzimmer gerannt. Sie streckte meinem Vater den Brief hin und rief: »Lies mal vor, lies mal vor!«
Ich merkte natürlich gleich, dass da was gedreht wurde. Mein Vater machte so ein unnatürliches Gesicht und es klang ganz unecht, als er sagte: »Ein Brief? In deinem Osternest? Ja was! Zeig mal her! Den lese ich dir gleich vor.«
Dann riss er den Umschlag auf, ganz vorsichtig, damit das Hasenbild nicht beschädigt wurde. Und er las:

Als Vater zu Ende gelesen hatte, war es ganz still im Zimmer. Er legte den Brief auf den Tisch und sah zur Mutter hin. Die hielt den Blick gesenkt. Es sah so aus, als ob sie nicht wagte aufzublicken. Ich habe alle drei genau beobachtet. Ich habe auch gesehn, wie meine kleine Schwester mit den Augen durch den ganzen Raum geirrt ist, wie sie geschluckt hat und wie ihr die Tränen gekommen sind.

Endlich sagte mein Vater: »Ein Brief vom Osterhasen! Ist das nicht toll, Silvi? – U nd? Hilfst du ihm? Wirst du ihm deinen …« Er sprach nicht zu Ende, weil er jetzt auch sah, dass Silvi die Tränen über das

Gesicht liefen. Mit aufgerissenen Augen und ohne einen Laut weinte sie vor sich hin.

Sie tat meinem Vater leid, denn er sagte: »Du brauchst ja nicht, Silvi, wenn du nicht willst.«

Silvi kniff die Augen zu und presste die letzten dicken Tränen heraus. »Er kriegt ihn«, sagte sie leise. »Für seine Osterhasenkinder!«

Dann rannte sie aus dem Zimmer. An diesem Abend kam sie nicht Gute Nacht sagen. Und als ich noch einmal in ihr Zimmer schaute, lag sie im Bett und hatte die Decke über den Kopf gezogen.

Silvi hat ihren Ditzi wirklich in das große Osternest gelegt. Am Ostermorgen ist sie sofort hingelaufen und hat nachgeschaut. Die bunten Eier leuchteten schon von Weitem – und der Schnuller war weg! Silvi ist stumm von einem Nest zum andern gegangen und hat alles betrachtet. Angerührt hat sie kein einziges Ei.

Nach einer Weile hockte sie sich neben das große Nest auf den Boden. Ein roter Zuckerhase saß in der Mitte; um ihn herum lagen Eier aus Schokolade und Marzipan.

Mit einem Mal bekam Silvi einen ganz versonnenen Ausdruck ins Gesicht. Ganz langsam hob sie ihre rechte Hand und steckte den Daumen in den Mund.

Ich hab das als Erster gesehn. Die Eltern noch nicht. Aber sie werden schon noch. – Das haben sie jetzt davon!

# Das Märchen von der Liebe zwischen dem Zuckerhasen und dem Biskuitlämmchen

Als am Ostermorgen die Sonne aufging, schlug das Lämmchen die Augen auf. Es war der erste Morgen, den es erlebte, denn das Lämmchen war am Tag zuvor ganz frisch gebacken worden. Aus feinstem Biskuitteig.

Das Lämmchen stellte fest, dass es in einem Nest aus grünem Ostergras saß. Und weil es neugierig auf seine Umgebung war, ließ es seine Augen umherschweifen. Da erblickte es in einem Nest ganz in der Nähe einen wunderschönen Hasen. Der wunderschöne saß hoch aufgerichtet da, hatte lange Ohren und war über und über rot. Das Lämmchen hätte gern seine Aufmerksamkeit erweckt. Es wusste aber nicht, wie man eine Unterhaltung auf geschickte Weise beginnt.

Deshalb fragte es ganz direkt: »Verzeihen Sie bitte, sind Sie innen drin auch rot?«

Der rote Hase schien ein wenig steif zu sein. Er lenkte seine Augen mühsam auf das Lämmchen und antwortete: »Ich hatte nie die Gelegenheit, mich von innen zu betrachten. Ich nehme es jedoch an.«

Wie gut er spricht, dachte das Lämmchen. Er ist nicht nur wunderschön, sondern auch klug. Vor Bewunderung blökte es leise vor sich hin und schaute den Hasen unverwandt an.

Der rote Hase wusste nicht, dass er unter seiner harten Zuckerkruste ein Herz hatte. Aber als ihn das Lämmchen so unverwandt anschaute, fühlte er, dass etwas in ihm heftig zu pochen begann. Tock-tock-tock-tock pochte es in seiner Zuckerbrust. Er betrachtete das Lämmchen genauer. Die vielen Löckchen aus Biskuitteig gefielen ihm sehr und er sagte: »Wie schön Sie sind. Sie sehen so weich aus.«

Das Lämmchen schlug die Augen nieder. »An mir ist doch nicht viel dran«, hauchte es. »Aber Sie! Sie sind wunderschön mit Ihrer roten Farbe und der glänzenden festen Haut.« Nachdem sie diese und noch andere Schmeicheleien ausgetauscht hatten, schwiegen sie eine Weile, schauten s ich dafür aber tief in die Augen.

Wenn wir doch zueinanderkönnten!, dachte das Lämmchen. Aber es konnte sich nicht aus seinem Osternest erheben. Der Zuckerhase dachte das Gleiche. Aber auch er kam nicht von der Stelle, obwohl er sich heftig bemühte. Da wurde die Tür aufgerissen und ein Kind stürmte herein.

»Osterhas, wo bist du?«, schrie das Kind.

Es durchsuchte das Zimmer und es dauerte nicht lange, bis es die beiden Nester mit dem Lämmchen und dem Zuckerhasen fand.

»Der wird gleich probiert!«, sagte das Kind. Es hob den Zuckerhasen auf und biss ihm die Ohrenspitzen ab. Das Lämmchen schrie auf. Aber außer dem Zuckerhasen hörte das sonst niemand.

»Hat's wehgetan?«, fragte das Lämmchen, als der Hase wieder in seinem Nest saß.

»Gespürt habe ich überhaupt nichts«, antwortete der Hase. »Ich habe nur Sorge, dass meine Ohren verdorben sind.«

»Nein, nein, bestimmt nicht«, versicherte das Lämmchen. »Sie sind immer noch lang genug.«

Als das Kind ein zweites Mal ein Stück von den Hasenohren abbiss, konnte man das eigentlich nicht mehr behaupten. Trotzdem sagte das Lämmchen: »Das macht überhaupt nichts aus. Sie sind immer noch wunderschön.«

Wenn es bloß nicht so weitergeht!, dachte das Lämmchen und zitterte vor Angst.

Aber es ging natürlich so weiter. Beim nächsten Mal biss das Kind dem Zuckerhasen den ganzen Kopf ab. Nun stand er da, kopflos und innen hohl.

Dem Lämmchen brach fast das Biskuitherz. »Ich folge dir bald nach, Geliebter«, flüsterte es.

Und jeder kann sich denken, dass sich diese Vorhersage auch wirklich erfüllte. Denn wozu sonst als zum Aufessen sind Zuckerhasen und Biskuitlämmchen auf der Welt!

# Das Osterpaket

Am Ostersonntag, ganz früh am Morgen, läutete es bei Herrn Hollerwein. Als er die Tür öffnete, wunderte er sich aber sehr: Vor ihm stand ein Hase, ein ziemlich großer Hase. Er stand auf zwei Beinen und trug ein Paket in den Pfoten.
»Sind Sie der Osterhase?«, fragte Herr Hollerwein.
Der Hase schlackerte mit den Ohren. »Leider nein. Ich trage nur manchmal Pakete für ihn aus, als Ostereier-Hilfszusteller. Bei den vielen Bestellungen kann er nicht alles alleine schaffen.«
»Warum haben Sie ausgerechnet bei mir geläutet? Für wen ist denn das Paket?«
Der Hase sah bekümmert aus. »Das weiß ich selbst nicht. Es steht keine Adresse drauf.«
Und dann erzählte er: »Als Ostereier-Hilfszusteller bekomme ich vom Ostereier-Ausfahrer die Pakete, um sie den Kunden so schnell wie möglich zu bringen. Heute hatte es der Ausfahrer furchtbar eilig, weil er schon so spät dran war. Vorn an der Ecke hat er mir dieses Paket zugeworfen. ›Zustellen!‹, hat er gerufen und ist mit seinem Lieferauto davongebraust.«
»Einfach davongebraust?«, wiederholte Herr Hollerwein. »Und jetzt?«
Der Hase runzelte die Stirn. »Ich hatte gehofft, Sie könnten mir weiterhelfen. Wohnen hier denn keine Kinder?«
Herr Hollerwein schüttelte den Kopf. »In diesem Haus wohnen nur alte Leute.«
»Eine Senioren-Residenz«, vermutete der Hase.

»Oh nein!«, rief Herr Hollerwein. »So vornehm ist das hier nicht. Außerdem wohnt jeder allein für sich.«
»Allein für sich.« Der Hase sah Herrn Hollerwein nachdenklich an. »Ist das nicht langweilig?«
»Sehr langweilig«, bestätigte Herr Hollerwein. »Aber so ist es eben. Was soll man da machen?«
»Ich wüsste schon, was man da machen könnte«, sagte der Hase. »Die Sache ist nämlich ganz einfach: Ich liefere das Paket bei Ihnen ab und Sie laden alle im Haus zum gemeinsamen Osterfrühstück ein. Prima Idee, was?«
»Ja aber«, wandte Herr Hollerwein ein, »das Paket ist doch sicher für Kinder bestimmt.«
»Keine Widerrede!«, sagte der Hase. »Osterfrühstück!« Er drückte Herrn Hollerwein das Paket in die Hand und war im nächsten Augenblick verschwunden.
Herr Hollerwein trug das Paket in die Küche. – Ein gemeinsames Osterfrühstück? Er zählte schnell durch: Außer ihm wohnten noch sechs Personen im Haus: Frau Peters, Herr Riemer und zwei Ehepaare. Bisher hatten sie nie mehr als »Guten Tag« und »Guten Abend« zueinander gesagt. Aber heute? – Dieser Ostereier-Hilfszusteller hatte ganz recht. Herr Hollerwein wurde richtig fröhlich. Jetzt musste er schnell handeln, bevor sich die andern schon ihren Kaffee alleine gemacht hatten.
Er schleppte einen zweiten Tisch in die Küche, holte alle Stühle, alle Teller und Tassen zusammen und kochte zwei Kannen Kaffee. Mitten auf den Tisch stellte er das große Paket.
Dann rannte er zur Haustür, drückte auf die Klingeln und rief durchs Treppenhaus: »Alle mal runterkommen! Der Osterhase war da!«

Als Erste steckte Frau Peters die Nase durch die Tür. Die beiden Ehepaare blieben vor ihren Wohnungen stehn und schauten misstrauisch nach unten. Herr Riemer beugte sich übers Treppengeländer und rief: »Der Osterhase? Mann! Sie wollen uns wohl vergackeiern!«
Aber Herr Hollerwein ließ sich nicht einschüchtern. »Sehen Sie selbst! In meiner Küche wartet eine Riesen-Überraschung auf Sie.«
Da wurden schließlich alle neugierig. Einer nach dem andern stieg hinunter ins Erdgeschoss zu Herrn Hollerwein.
»Eine Einladung?«, fragte Frau Peters.
Herr Hollerwein nickte. »Weil heute Ostern ist.« Er grinste und deutete auf das Paket. »Es ist abgegeben worden. Von einem Spender, der nicht genannt werden will.« Dass er wusste, von wem, sagte er lieber nicht. Die andern würden ihn bestimmt für meschugge halten.
Ohne weitere Erklärung packte er das Paket aus.
»Passt genau«, sagte er.
Für jeden waren nämlich zwei gefärbte Eier drin und ein aus Hefe-

teig gebackener Osterhase mit Rosinenaugen; und dann noch sieben Nester mit Schokoladeneiern.
Sie setzten sich um den Tisch herum, tranken Kaffee und aßen die gekochten Eier und die gebackenen Hasen. Plötzlich fiel jedem etwas Komisches ein, was er als Kind mit dem Osterhasen erlebt hatte. In Herrn Hollerweins Küche wurde es laut und lustig.
»Ist richtig prima bei uns«, sagte Herr Riemer und die andern fanden das auch.
»Wir haben noch einen Nachtisch!«, rief Herr Hollerwein und verteilte die Nester mit den Schokoladeneiern.
»Die sind ja mit Likör gefüllt!«, sagte Frau Peters. »Ganz köstlich!«
Likörerier! – Die sieben alten Leute wurden immer vergnügter und Herr Hollerwein dachte: Das Paket ist doch bei uns genau richtig gelandet. Und dieser Ostereier-Hilfszusteller! Was der mir erzählt hat. Ich könnte wetten, dass das niemand anderes als der echte Osterhase war.

# Elisas schönstes Osterei

Seit drei Monaten lebte Elisa in ihrer neuen Familie, aber richtig zu Hause war sie noch nicht.
Die Eltern hatten natürlich gewusst, dass es nicht leicht war, zu ihren beiden eigenen Kindern ein blindes kleines Mädchen zu adoptieren. Aber sie hatten gehofft, dass Elisa schneller zu ihnen finden würde. Sie hatten gedacht: Wenn sie erst einmal heraus ist aus dem Heim, wenn wir ihr zeigen, dass wir sie lieb haben, dann wird sie bald fröhlich werden. Aber Elisa brauchte Zeit.
In der Wohnung hatte sie sich schnell zurechtgefunden. Mit ihren kleinen Händen, an denen sich die Finger wie Fühler bewegten, hatte sie alles ertastet, was ihre Augen nicht sehen konnten. Und an dem gespannten Ausdruck ihres Gesichts war zu erkennen, dass sie auf alles genau lauschte.
Ihre Eltern waren bei einem Autounfall ums Leben gekommen, als Elisa noch ein Baby war. Jetzt war sie sechs und gehörte endlich wieder zu einer richtigen Familie.
Mit Miriam und Tim ging alles leichter. Miriam war acht, Tim zwölf. Bei Tim fühlte sich Elisa ganz frei. Wenn er bastelte, stellte sie sich neben ihn. Sie befühlte das Werkzeug und die dünnen Platten aus Balsaholz, aus denen er ein Schiff baute. »Reich mir mal den Kleber und die Schere«, verlangte Tim. Es war ganz klar, dass Elisa das Richtige aus dem Durcheinander von Werkzeugen herausgriff. Sie fühlte es und sie hörte am Klang, wo die Schere lag, die Tim gerade benutzt hatte.

Einmal sagte Tim: »Du, Elisa, übermorgen kommt der Osterhase. Wünschst du dir was?«
Elisa lachte. »Och du! Vom Osterhasen kann man sich nichts wünschen.«
Tim stellte die verleimten Holzteile vorsichtig auf den Tisch. »Stimmt«, sagte er. »Zu Ostern wünscht man sich nichts. Da bekommt man nur Eier und süßes Zeug. Suchst du gern Ostereier?«
»Hab ich noch nie«, antwortete Elisa. »Im Heim haben alle Kinder morgens ein Körbchen mit Eiern und einen Schokoladenhasen bekommen. Einfach so.«
»Aber das Suchen ist doch das Schönste daran«, sagte Tim.
»Werden bei euch die Eier versteckt?«, erkundigte sich Elisa.
»Klar.«
»Und ihr müsst suchen?«
»Klar.«
»Das will ich auch.«
Und wieder sagte Tim: »Klar.«

An diesem Abend, nachdem Elisa und Miriam ins Bett gegangen waren, verschwand Tim mit der Mutter in der Küche, um Ostereier zu färben. Tim setzte die Farbbrühe an, die Mutter ließ die Eier darin kochen und fischte sie dann mit einem Sieb heraus. Als die meisten Eier zum Trocknen auf einem Fließpapier lagen, sagte Tim: »Du brauchst mich ja jetzt nicht mehr. Ich hab noch was zu tun.«
Er holte eine kleine, rot lackierte Dose und Deckfarben aus seiner Schultasche. Die Dose war aus Holz und hatte die Form eines Eis.
»Ein Holzei? Was wird das?«, wollte die Mutter wissen.
»Eine Überraschung«, antwortete Tim und begann, die Dose zu

bemalen. Grüne Ranken, bunte Blumen und Schmetterlinge setzte er auf den roten Grund.

»Für Miriam?«, fragte die Mutter.

»Für Elisa«, sagte Tim.

»Für Elisa? Blumen und Schmetterlinge? Sie kann's doch gar nicht sehen.«

»Aber vorstellen kann sie sich's«, sagte Tim. »Wenn ich ihr beschreibe, was drauf ist ... Bestimmt, sie kann sich alles genau vorstellen.«

Er hatte auf dem Ei eine ovale rote Stelle ausgespart. Dahinein schrieb er mit Farbe

In diesem Augenblick steckte der Vater den Kopf zur Tür herein. »Aha, Osterhasenwerkstatt!«, sagte er. Dann entdeckte er das Ei für Elisa und nickte Tim zu. »Schön, wirklich sehr schön.«

»Ist ja noch nicht fertig«, sagte Tim. »Die Überraschung kommt erst noch.«

Er ließ die Dose eine Weile trocknen und zog dann mit ihr ab in sein Zimmer.

Am Ostermorgen waren Elisa und Miriam schon ganz früh wach. Sie hörten es in den anderen Zimmern wispern; sie hörten, dass jemand auf leisen Sohlen durch die Wohnung schlich – und dann wurde an ihre Tür geklopft. Der Vater stand davor und rief: »Kommt schnell, der Osterhase war da!«

Miriam hüpfte aus dem Bett, fasste Elisa bei der Hand und zog sie mit ins Wohnzimmer.

»Und Tim?«, fragte Elisa. Sie spürte, dass er nicht dabei war. »Diese Schlafmütze müssen wir sofort aus dem Bett werfen!«, sagte der Vater.

Da stolperte Tim auch schon über die Schwelle, reckte sich und gähnte. »Was soll denn der Tumult?«

»Der Osterhase war da«, rief Elisa.

Und dann ging die Sucherei los.

Miriam hatte sofort zwei Eierverstecke aufgestöbert. Jetzt stand sie auf einem Stuhl und suchte das Büchergestell ab. Tim lag auf dem Boden und angelte ein Nest unter dem Schrank hervor.

»Ich auch, ich auch!« Elisa fasste in die hohe Bodenvase, suchte in

der Spielzeugkiste und hinter dem Fernsehsessel. Auf einer Fensterbank hinter dem Vorhang fand sie das erste Versteck.
»Ich hab was, ich hab was gefunden!«, rief sie.
Neben drei gefärbten Eiern saß ein großer Hase in dem Nest. Zuerst befühlte ihn Elisa, dann lutschte sie an seinen Ohren.
»Ein Zuckerhase, ich hab einen Zuckerhasen!«
»Weiter!«, feuerte Tim sie an. »Miriam hat schon drei Nester gefunden, ich zwei.«
Elisa suchte im Kleiderschrank und kroch unter die Eckbank in der Küche – aber da war nichts. Als sie in die große Teigschüssel griff, fühlte sie ein Nest aus Holzwolle und Moos. Viele kleine Schokoladeneier lagen darin und in der Mitte saß ein wolliges Küken.
Elisa rieb ihre Wangen an dem Küken. »Es fühlt sich an wie echt«, sagte sie. Jetzt wollte sie aber nicht mehr weitersuchen. Sie kauerte sich auf den Boden vor ihre Ostersachen und fing an, damit zu spielen. Sie ließ den Zuckerhasen von einem Nest ins andere hüpfen. Sie hielt dem Küken ihre hohle Hand hin und sagte: »Da, Küken, friss!« Und sie ließ die Eier auf dem Boden herumkullern.
Tim setzte sich neben sie und fragte: »Wie viele Eier hast du eigentlich?«
»Neun und drei«, sagte Elisa. »Neun kleine Schokoladeneier und drei richtige, die sind größer.«
»Nur drei größere?«, fragte Tim. »Bist du sicher, dass es nicht vier sind?«
Elisa war ganz sicher. Zählen konnte sie schon sehr gut. Aber Tim gab nicht auf. »Ich glaub, da hast du dich verzählt. Ich sehe nämlich vier.«
»Es waren bestimmt nur drei!«, rief Elisa.
»Wenn das so ist«, sagt Tim, »du, Elisa, dann muss der Osterhase noch mal heimlich in dein Nest gekommen sein!«

Elisa tastete nach ihren Ostersachen. Sie legtedie kleinen Schokoladeneier, den Zuckerhasen und das Küken in das eine Nest, die größeren Eier in das andere – und tatsächlich! –, es waren jetzt vier gleich große. Aber ganz gleich waren sie nicht. Elisa merkte sofort, dass das eine Ei nicht zum Essen war und dass aus seiner Spitze eine kleine Kurbel herausragte. »Was ist das, Tim?«

»Probier's doch aus!«

Da nahm Elisa das Ei in die linke Hand und drehte mit der rechten vorsichtig an der Kurbel. »Kling, kling, klingelingeling, kling, kling«, klimperte es aus dem Osterei. Eine kleine Melodie, acht Takte, und dann fing sie wieder von vorn an.

Alle wurden still und schauten auf Elisa, die ganz versunken dasaß. Sie hielt den Kopf zur Seite geneigt und lauschte.

Dann aber sprang sie auf. Sie hüpfte im Zimmer herum; ihr Gesicht leuchtete. »Ich hab das schönste Osterei, das allerschönste Osterei!« Sie hielt es Tim hin. »Was hat es für eine Farbe?«

»Es ist bunt, Elisa, richtig bunt.« Tim führte ihren rechten Zeigefinger über die Blumen und Schmetterlinge und fuhr die Buchstaben nach, die da standen:

»Steht das wirklich dort?«, fragte Elisa. »Und Schmetterlinge sind auch drauf?« Sie streichelte über die kleine Spieldose. Dann schmiegte sie sich an Tim und flüsterte: »Du, Tim, ich weiß was! – Der Osterhase … der Osterhase warst du!«

# Kinder erzählen von Ostern

*Carolin (acht Jahre)*

Ich habe einen kleinen Bruder. Der bekommt zu Ostern natürlich immer genauso viel wie ich. Aber er bewahrt seine Sachen viel länger auf.

Einmal hatte ich schon alles aufgegessen und er hatte noch ein ganzes Nest voller Schokoladenhasen. Die waren in buntem Silberpapier eingewickelt. Da habe ich heimlich einem Hasen das Silberpapier von unten abgekratzt und ein Stück Schokolade herausgebohrt. Dann habe ich das Silberpapier wieder drübergezogen. Am nächsten Tag habe ich auch noch die anderen Hasen von unten angebohrt.

Ein schlechtes Gewissen hatte ich dabei nicht, weil mein kleiner Bruder nichts gemerkt hat. Wenn er es gemerkt hätte … dann vielleicht schon!

*Nina (neun Jahre)*

Zu Ostern bekommen wir immer viele süße Sachen. Eier mit Cremefüllung, Zuckerhasen und all so was. Einmal haben wir gesucht und gesucht und überhaupt nichts gefunden. Die Nester waren alle leer. Nur in einem lagen Splitter von einem roten Zuckerhasen und ein kaputtes Ei.

Meine Mutter hat die leeren Nester ganz fassungslos betrachtet. Aber wie wir so im Garten herumstanden, sahen wir, dass unser Bernhardiner am Zaun entlangtrabte und versuchte, durch eine Zaunlücke zu schlüpfen.

»Schaut euch den Zeus an!«, sagte meine Mutter.
Und dann rief sie: »Komm mal her, du Schlawiner!«
Der Zeus kam mit eingezogenem Schwanz angeschlichen und da entdeckten wir, dass ihm rote Zuckerkrümel an den Barthaaren hingen. Der Zeus hat gewinselt und furchtbar schuldbewusst geschaut. Wir waren natürlich wütend und haben ihn ausgeschimpft. Aber da war nichts mehr zu machen. Jetzt wird der Zeus immer angebunden, wenn wir Ostereier suchen.

*Laura (zehn Jahre)*
Wir suchen unsere Ostereier immer im Wald. Das ist so Sitte in dem Dorf, wo wir wohnen. Alle Leute verstecken die Eier im Wald. Jeder hat sein bestimmtes Revier. Nur im eigenen Revier darf man suchen.
Einmal, da war ich noch kleiner, da hab ich ein Nest mit einem großen Schokoladenhasen gefunden. Sonst habe ich nie einen Schokoladenhasen bekommen, immer nur bunt gefärbte Eier. Und jetzt saß da ein Hase, ein ganz großer! Aber da kam unsere Nachbarin angelaufen, das war so eine richtige Zicke. Die hat gerufen: »Halt! Der gehört nicht dir! Der gehört unserer Verena! Du bist im falschen Revier.« Da musste ich den Schokoladenhasen wieder hergeben. Und das war sehr schlimm für mich, weil ich ihn doch gefunden hatte und weil ich so glücklich darüber gewesen bin.

*Simon (acht Jahre)*

Als meine Mutter vor Ostern mal weg war, habe ich mit meiner Schwester in den Wäscheschrank geschaut. Da lagen nämlich die Ostersachen. Das hatten wir längst raus. Wir wollten sie mal heimlich anschaun. Wir wollten bestimmt nichts davon nehmen. Zuerst nicht. Aber dann haben wir doch.

Jeder hat zwei Schokoladeneier gegessen. Dann wollten wir aufhören, aber wir konnten nicht. Wir hatten so große Lust darauf. Als die Schokoladeneier alle waren, sagte meine Schwester: »Jetzt hören wir aber wirklich auf.« Aber dann haben wir auch noch die beiden Zuckerhasen aufgegessen. Geschmeckt hat es uns wunderbar, aber Angst hatten wir auch.

Unsere Mutter hat natürlich die leeren Papiere im Wäscheschrank entdeckt. Sie hat aber nicht geschimpft; sie hat überhaupt nicht darüber geredet. Aber am Ostertag hat sie ganz erstaunt getan und gesagt: »Mir scheint, der Osterhase hat euch diesmal nichts gebracht. Merkwürdig! – Findet ihr nicht auch?«

Wir fanden das gar nicht merkwürdig.

Dass wir zu Ostern nichts mehr bekommen haben … also das hat uns natürlich gewurmt, aber verstanden haben wir es eigentlich schon.

*Elisabeth (13 Jahre)*

Im vorigen Jahr wurde ich kurz vor Ostern krank. Ich hatte Grippe mit Fieber und musste im Internat bleiben. Alle Kinder und Lehrer sind in die Ferien gefahren. Außer mir waren nur noch die Köchin und die Hausmutter im Internat. Sie waren bestimmt nett zu mir und haben oft nach mir geschaut, aber die meiste Zeit lag ich allein in meinem Zimmer. Sonst wohnen noch Barbara und Christine mit

mir zusammen. Ihre Betten standen jetzt leer; überhaupt alles um mich war leer.
Die Hausmutter wollte mich trösten. »Wenn das Fieber herunter ist, kannst du ja immer noch heimfahren. Die Ferien dauern doch noch eine Weile.«
Aber ich wäre doch so gern richtig an Ostern zu Hause gewesen! Bei uns ist das Eiersuchen so lustig mit meinen beiden kleinen Geschwistern. Und meine Eltern denken sich immer Überraschungen aus.
Jetzt war mir ganz egal, ob Ostern war oder nicht. Am liebsten hätte ich den ganzen Tag verschlafen. Aber dann brachte die Hausmutter ein Paket für mich. Von zu Hause. Ich wollte es alleine auspacken und wartete, bis sie wieder gegangen war.
Natürlich lagen Schokoladeneier und Süßigkeiten im Paket. Aber es war noch etwas anderes drin: ein weißer Stoffhase. Zuerst war ich platt, dass mir meine Eltern ein Stofftier schicken. Ich war doch schon zwölf! Aber dann habe ich den Hasen aus dem Papier herausgeholt und in den Arm genommen. Es war so ein richtig weiches Kuscheltier. Und da . . . da hab ich losgeheult. Ich hab den Hasen an mich gedrückt und geheult. Ich war schon zwölf, klar, aber trotzdem!

*Candida (elf Jahre)*
Am schönsten ist es zu Ostern bei unseren russischen Großeltern. Wir nennen sie so, weil sie lange in Russland gelebt haben und viele alte russische Bräuche kennen.
An Ostern deckt die Großmutter einen Frühstückstisch, der ist über und über mit leckeren Sachen beladen. Mindestens achtzig gefärbte Eier müssen auf dem Tisch liegen, sonst ist das nicht echt russisch.
Als ich ungefähr sieben war und meine Schwester Corinna vier, ha-

ben wir zum ersten Mal bei den russischen Großeltern Ostern gefeiert. Meine Eltern waren auch dabei und noch unser Cousin Jan.

Zu Hause habe ich mit Corinna immer Eierpecken gemacht. Wir haben die hart gekochten Ostereier mit den Spitzen aneinandergeschlagen. Jeder wollte das Ei haben, das am längsten heil blieb, weil er dann Sieger war.

Als Corinna in der Früh die vielen gefärbten Eier auf dem Frühstückstisch sah, wollte sie gleich mit mir Eierpecken machen. Ich habe gesagt, lieber nicht, weil ich wusste, dass wir das nicht durften. Aber Corinna war gleich ganz wild aufs Eierpecken.

Eine Weile habe ich ihr zugeschaut, wie sie die Eier ganz für sich allein aneinandergeschlagen hat. Sie hat vor dem gedeckten Tisch gestanden und ein Ei nach dem andern kaputtgeschlagen. Dann bin ich aus dem Zimmer gegangen, weil … also da wollte ich lieber nicht dabei sein.

Und es wurde auch ziemlich schlimm, als die Großen zum Frühstück kamen. Die russische Großmutter schrie auf vor Entsetzen, als sie auf ihrem schönen Ostertisch achtzig kaputte Eier entdeckte. Zuerst hat niemand an Corinna gedacht. Die war ja noch so klein und außerdem war sie der

Liebling der Großmutter. Der Verdacht fiel auf unseren Cousin Jan. Der war dreizehn und machte sowieso immer Unfug. Er hat sich natürlich gewehrt und gesagt, er war's nicht. Aber keiner hat ihm geglaubt. Alle haben auf ihn geschimpft.
Corinna hat mit großen Augen dabeigestanden. Dann kamen ihr die Tränen und sie sagte ganz leise: »Ich war's!«
Da sind alle plötzlich ganz still gewesen und haben meine kleine Schwester angestarrt.
»Mein Gott, achtzig Eier!«, stöhnte die Großmutter.
Mein Vater hat sich zur Seite gedreht und ich hab gesehn, dass er sich das Lachen verkneifen musste.
Zum Schluss war aber alles gar nicht so schlimm. Denn bei den russischen Großeltern ist es Sitte, dass am Ostermorgen alle Nachbarn zu Besuch kommen. Sie wünschen Frohe Ostern und jeder isst ein hart gekochtes Ei.
Deshalb sind von den achtzig angepeckten Ostereiern nicht mehr viele übrig geblieben.

*Thomas (neun Jahre)*
Einmal war es so, dass mein Vater nicht mehr wusste, wo er überall Ostereier versteckt hatte. Wir dachten, dass wir alle Nester gefunden hätten, weil wir ganz gründlich gesucht haben. Aber ein Nest haben wir trotzdem nicht entdeckt und mein Vater hat auch nicht gemerkt, dass noch was fehlte.
Erst im Sommer, als der Bücherschrank ausgestaubt wurde, haben wir fünf gefärbte Eier hinter der obersten Bücherreihe gefunden. Essen konnte man die natürlich nicht mehr, aber wir haben alle sehr lachen müssen.

*Jessica (sechs Jahre)*

Ich hab einen großen Hasen aus Schokolade bekommen. Einen ganz riesengroßen. Den allergrößten, den's gibt. Und der hatte auch ganz lange Ohren.

Meine kleine Schwester kann noch nicht laufen. Die ist auf dem Boden herumgerutscht und hat den Hasen umgeworfen. Da sind ihm die Ohren abgebrochen. Mein Vater hat gesagt, ich soll sie gleich aufessen. Das wollte ich aber nicht. Sie sollten wieder drangeklebt werden. Mein Vater hat gesagt, ankleben geht nicht. Aber ich hab gesagt, doch, mit Uhu. Mein Vater hat gesagt, Uhu geht nicht, weil dann kann man die Schokolade nicht mehr essen. Ich hab geheult und gesagt, die Ohren müssen wieder dran. Da hat mein Vater gesagt, er hat eine Idee. Er hat den Hasen mit dem Kopf über eine Kerze gehalten, bis die Schokolade geschmolzen ist. Und dann hat er die Ohren fest draufgedrückt. Man hat's natürlich gesehn, wo sie abgebrochen waren. Aber das war nicht so schlimm wie ohne Ohren.

*Sophia (sieben Jahre)*

Meine Mutter hat einmal ein Osternest im Käfig von unserem Wellensittich versteckt. Kleine bunte Zuckereier waren da drin. Das hat ganz echt ausgesehen. Aber der Wellensittich ist auf den Eiern herumgetrippelt und hat alle bekleckert.

*Christina (acht Jahre)*

Mein Zwerghase war fortgelaufen. Drei Tage vor Ostern. Die Stalltür stand offen, da ist er ausgerissen. Ich hab überall herumgefragt und überall Zettel angemacht: »Silbergrauer Zwerghase entlaufen.« Meine Adresse habe ich natürlich auch draufgeschrieben. Aber der

Mucki blieb verschwunden. Ich war so traurig, dass ich mich gar nicht auf Ostern freuen konnte. Der Mucki hat immer so lustig aus seinem Stall geschaut. Er hat sich von mir auf den Arm nehmen und streicheln lassen. Jetzt war der Hasenstall leer.
Am Ostersonntag hat meine Mutter gesagt, ich soll doch wenigstens mal hinuntergehn in den Garten und nach den Osternestern schauen. Wie ich aber im Garten war, hab ich sofort gemerkt, dass sich im Hasenstall etwas bewegte – Mucki! Mein Mucki war wieder da! Fremde Leute haben ihn gefunden und zurückgebracht. Das war meine größte Osterüberraschung.

*Antonio (zehn Jahre)*

Als wir noch zu Hause in Sizilien lebten, sind wir am Ostersonntag immer in die große Kathedrale in Palermo gegangen. Das Schönste daran war, dass nach der Messe auf dem Platz vor der Kathedrale viele, viele Hundert Tauben freigelassen wurden. Die waren in Körben hergebracht worden. Wenn die Leute aus der Kirche kamen, wurden die Körbe geöffnet und die Tauben flogen in einer großen Wolke auf.
Bei uns hat auch jede Familie zum Frühstück eine Taube aus Kuchenteig. Von der muss jeder ein Stück essen. Meine Mutter hat die Kuchenform mit nach Deutschland gebracht. Sie hat gesagt, ohne Taube ist das kein richtiges Ostern, weil die Taube ein Symbol für den Frieden ist.

*Günès (elf Jahre)*

Ich war sechs, als wir nach Deutschland kamen. Jetzt gehe ich schon fünf Jahre in die deutsche Schule; aber zu Hause sprechen wir immer Türkisch. Deutsch war zuerst furchtbar schwer für mich. Ich habe die Leute immer angeschaut und kein Wort verstanden. Aber jetzt spreche ich Deutsch fast so gut wie Türkisch.

Damals, als wir hier ankamen, war gerade Ostern. Das ist für uns ein fremdes Fest, weil wir eine andere Religion haben. Wir sind Moslems. Aber die bunten Ostereier haben mir gleich gefallen.

Die Frau, die nebenan wohnt, war von Anfang an nett zu uns. Ihre Tochter ist ungefähr so alt wie ich. Sie heißt Marietta.

Am Ostertag brachte mir Marietta ein Körbchen mit bunten Eiern und sie hat mir auf Deutsch die Farben beigebracht. Ich habe Marietta dann gesagt, wie sie auf Türkisch heißen:

Rot heißt *kirmizi*, blau heißt *mavi*, gelb heißt *sari* und grün heißt *yesil*.

Da hat Marietta gemerkt, wie schwer eine fremde Sprache ist.

# Von alten Bräuchen

# Ostern, das »bewegliche« Fest

Im Gegensatz zum ersten Weihnachtstag, der immer am 25. Dezember gefeiert wird, hat das Osterfest kein gleich bleibendes Datum. Es ändert sich von Jahr zu Jahr, es bewegt sich. Deshalb die Bezeichnung »bewegliches Fest«. – Warum ist das so?

Das christliche Osterfest fällt mit dem jüdischen Passahfest zusammen; denn Jesus Christus ist nach der Bibel zur Zeit dieses Festes gestorben und auferstanden. Passah wurde damals wie noch heute in den jüdischen Gemeinden zur Zeit des Frühlingsvollmonds gefeiert, das ist der erste Vollmond nach dem 21. März (Frühlingsanfang).

Viele alte Völker rechneten die Zeit nicht nach der Sonne, wie wir heute, sondern nach dem Mond. Auch der jüdische Kalender ist ein Mondkalender. Sonnen- und Mondlauf stimmen aber nicht überein. Von einem Vollmond zum andern sind es ca. 29 Tage; unser Sonnenmonat hat 30 oder 31 Tage. So kommt es, dass die Vollmondtage jeden Monat auf ein anderes Datum und einen anderen Wochentag fallen. Und weil sich das Osterfest ebenfalls nach dem Mond richtet, ändert sich auch sein Datum von Jahr zu Jahr.

Damit aber wenigstens der Wochentag gleich bleibt, hat die Kirche festgelegt, dass Ostern immer an einem Sonntag gefeiert werden soll, und zwar an dem Sonntag, der auf den ersten Vollmond nach Frühlingsanfang folgt.

Ostern liegt also an einem festen Wochentag, dem Sonntag, aber es richtet sich weiterhin nach dem Vollmond. Es schwankt wie der Frühlingsvollmond zwischen März und April um etwa fünf Wochen.

# Das jüdische Passahfest

Passah (hebräisch Pessach) war ursprünglich ein jüdisches Frühlingsfest. Am Tag des ersten Vollmonds im Frühling wurden Gott Opfer dargebracht. Die Nomaden Israels, sie waren Viehzüchter, opferten ein Lamm und bestrichen ihre Zeltstangen mit seinem Blut zum Schutz gegen Unheil.

Die Ackerbau treibenden Stämme opferten die erste Garbe der neuen Gerstenernte. Der alte Sauerteig, das Treibmittel für den Brotteig, durfte jetzt nicht mehr verwendet werden, weil nichts Altes ins Frühjahr hinübergenommen werden sollte. Es dauerte aber sieben Tage, bis das Mehl aus dem frischen Getreide zum Sauerteig vergoren war. Während dieser sieben Tage wurde nur ungesäuertes Brot gegessen.

Dieser Brauch, sich durch Tierblut zu schützen und ungesäuertes Brot zu essen, findet sich in der Bibel im Buch Mose. Hier wird er jedoch mit dem Auszug des Volkes Israel aus Ägypten verknüpft und bekommt dadurch eine neue Bedeutung. Es geschieht nicht selten, dass alten Bräuchen ein anderer Sinn gegeben wird, um sie dadurch in die veränderte Zeit hinüberzuretten.

Und das ist die Geschichte, die Mose erzählt: Am Ende der langen Sklaverei in Ägypten gebot Gott dem Mose, das Volk Israel aus Ägypten zu führen. Der Pharao wollte es aber nicht ziehen lassen. Da sandte Gott zehn Plagen über Ägypten. Die letzte und schwerste Plage war, dass alle erstgeborenen Söhne und Tiere sterben mussten. Den Israeliten aber befahl Gott, ihre Türpfosten mit dem Blut eines Opferlamms zu bestreichen. Diese mit Blut gezeichneten

פסח

Häuser wollte Gott verschonen und an ihnen vorübergehen. Genau das ist die Übersetzung des Wortes Passah: schonen, vorübergehen. Um den schrecklichen Plagen ein Ende zu setzen, ließ der Pharao das Volk Israel schließlich ziehen. In der Eile des Aufbruchs konnten die Frauen aber kein Brot mehr backen. Sie nahmen nur den rohen, ungesäuerten Brotteig mit. Auch unterwegs war keine Zeit, den Teig gären und aufgehen zu lassen. So aßen sie auf ihrer Wanderung Brot, das ohne Treibmittel nur aus Mehl und Wasser hergestellt war.
In Erinnerung daran wird zu Passah in frommen jüdischen Familien auch heute noch sieben Tage lang ein Brot gegessen, das weder Sauerteig noch Hefe enthalten darf. Es wird in dünnen Fladen gebacken und heißt Matze.

# Der Ursprung des christlichen Osterfestes

Ostern ist das Fest der Auferstehung Jesu Christi. Es war das erste und von jeher wichtigste Fest der Christen.
Weihnachten wird heute in den Familien zwar viel ausgiebiger gefeiert; in der Geschichte der christlichen Kirche hat aber Ostern den Vorrang.
Christi Auferstehung war für seine Anhänger der letzte Beweis seiner göttlichen Herkunft. Die Jünger hatten sein Leiden und seinen Tod am Kreuz miterlebt. Mit eigenen Augen hatten sie das leere Grab gesehen und der Auferstandene war ihnen bald darauf erschienen. Diese wundersamen Ereignisse konnten sie bezeugen. Ihre Berichte wurden später im Neuen Testament aufgeschrieben. Wir können sie in den vier Evangelien nachlesen.
Zur Geschichte muss man noch wissen, dass das Land Palästina, in dem Jesus gelebt hat, ein Land jüdischen Glaubens war. Damals stand es unter römischer Vorherrschaft. Obwohl das jüdische Volk eigene Fürsten hatte – wie zum Beispiel König Herodes –, lag die Gerichtsbarkeit in den Händen der Römer. Deshalb musste das Todesurteil über Jesus von dem römischen Statthalter Pontius Pilatus gesprochen werden.
Jesus Christus ist in den Tagen des jüdischen Passahfestes gekreuzigt worden und auferstanden. Ostern ist daher mit Passah verknüpft.
Nach jüdischer Sitte wurde zu diesem Fest ein Lamm geschlachtet. Auch Jesus aß das Passahlamm mit seinen zwölf Jüngern, denn sie

waren alle im jüdischen Glauben erzogen. Dieses letzte gemeinsame Mahl vor seinem Tod bekam jedoch eine besondere Bedeutung. Jesus nämlich teilte Brot und Wein mit den Jüngern und trug ihnen auf, beides zu seinem Gedächtnis zu nehmen als seinen Leib und sein Blut. Daher wird in den christlichen Kirchen das heilige Abendmahl mit Brot (Hostie) und Wein gefeiert als Sinnbild für den Leib und das Blut Christi.

Das Osterlamm wurde zum Sinnbild des Opfertodes von Jesus Christus, zum »Lamm Gottes, welches die Sünde der Welt trägt«.

Durch seinen Tod am Kreuz bekam die christliche Kirche auch ihr Symbol: das Zeichen des Kreuzes. Seinen Jüngern gab Christus den Auftrag, seine Lehre in der Welt zu verbreiten. Er sagte: »Gehet hin und lehret alle Völker und taufet sie im Namen des Vaters, des Sohnes und des Heiligen Geistes.«

Damit setzt Jesus etwas Neues ein; einen Missionsauftrag, den das Judentum nicht kennt. – Es ist der Beginn der christlichen Kirche.

# Woher kommt das Wort Ostern?

Der Ursprung des deutschen Wortes Ostern ist nicht ganz klar. Es gibt Forscher, die es vom Namen einer germanischen Frühlingsgöttin, der *Ostara,* ableiten. Der Hase soll sogar ihr heiliges Tier gewesen sein. Andere behaupten, diese Göttin habe es nie gegeben.
Es stimmt zwar, dass die meisten Bräuche zur Osterzeit auf alte Frühlingsgötter und Naturgeister zurückgehen. Aber selbst wenn es die Ostara gab, ist es unwahrscheinlich, dass sich ihr Name in dem christlichen Ostern verbirgt.
Sinnvoller scheint die Deutung, dass Ostern von der Himmelsrichtung *Osten* kommt. Die Auferstehung Christi gleicht dem Sonnenaufgang im Osten. Ursprünglich wurde der Auferstehungs-Gottesdienst am Ostersonntag bei Sonnenaufgang abgehalten. Wenn sich das erste Licht im Osten zeigte, verkündete der Priester: »Christ ist erstanden.« Von daher ist die Verbindung Osten – Ostern einleuchtend.

# Frühlings- und Osterbräuche

Von jeher war die Wende vom Winter zum Frühling das wichtigste Ereignis im Jahreslauf. Die Menschen lebten in früheren Zeiten viel mehr mit der Natur als wir heute. Winter, das bedeutete für sie Dunkelheit und Kälte: Die Hütten waren mit Kienspan oder Wachslichtern notdürftig beleuchtet. Sie bestanden meist nur aus einem einzigen Raum, in dem sich Menschen und Vieh zusammendrängten.
Und Winter bedeutete auch kahle Felder – oft sogar Hunger. Denn damals hatten die Leute nur das zu essen, was die Jahreszeit bot. Es gab nicht das ganze Jahr hindurch frisches Gemüse und Salat. Es wurden keine Orangen und Bananen eingeführt. Es gab keine Konservenbüchsen und Tiefkühltruhen. Die Mahlzeiten waren karg. Sie bestanden nur aus Lebensmitteln, die sich lagern ließen: Rüben, Bohnen, Getreide. Die Kartoffel wurde erst im 16. Jahrhundert in Europa angepflanzt.
Am Ende des Winters, wenn die Vorräte aufgebraucht waren, warteten alle sehnsüchtig auf den Frühling, um die Felder neu zu bestellen.
In der Sehnsucht nach Wärme und dem Erwachen der Natur haben fast alle Frühlingsbräuche ihren Ursprung. Erscheinungen wie Blitz, Donner, Regen und Sonne erhielten durch die Naturverbundenheit besondere Bedeutung und wurden als Gottheiten verehrt.
Das Erwachen der Natur war das Erwachen der Frühlingsgötter.
Viele Bräuche gehen auf Götter- und Geisterbeschwörungen zurück und haben sich in manchen Gegenden auf dem Land bis heute erhalten. Sie geraten aber mehr und mehr in Vergessenheit.

Da gab es zum Beispiel das *Winterverbrennen* oder *Winteraustragen.* Aus Stroh oder Lumpen wurde eine große Puppe hergestellt; sie stellte den Winter dar. Mit dieser Puppe zog das ganze Dorf singend hinaus ins Freie. Dort wurde der Winter verbrannt oder in den Fluss geworfen.

Sogar richtige *Kampfspiele zwischen Winter und Sommer* wurden ausgetragen: Kämpfe, wie sie in der Natur zu beobachten sind, wenn es nach der Wintersonnwende auf Ostern zugeht. Dann wärmt die Sonne zwar wieder und es wird grün auf der Erde, aber es gibt auch Rückschläge mit Schnee und Kälte. Dieser Kampf zwischen den dunklen Mächten des Winters und den lichten Naturkräften wurde nachgespielt: Zwei Gestalten – der Winter strohumwickelt, der Sommer mit frischem Grün geschmückt – kämpften so lange miteinander, bis der Sommer Sieger blieb.

Hier finden wir übrigens die alte Einteilung des Jahres in Sommer und Winter. Vier Jahreszeiten kannte man früher nicht. Das Wort »Frühling« wurde erst im 15. Jahrhundert gebildet. Den Herbst nannte man »Spätling«. In früheren Zeiten wurde noch in allen Häusern gründlich *Frühjahrsputz* gehalten. Wer weiß schon, dass sich sogar in dieser alltäglichen Beschäftigung eine alte Form der Geistervertreibung verbirgt. Man wollte nämlich mit dem gründlichen Hausputz auch gleich die bösen Geister aus den Ecken fegen. Der Hausputz zu Weihnachten hatte den gleichen Grund.

Auch sonst wiederholen sich gewisse Bräuche aus der Weihnachts- und Neujahrszeit zu Ostern. Mit Lärm, Feuer und Rutenschlagen wird der Winter vertrieben. Gleichzeitig werden damit auch die Frühlingsgötter geweckt.

*Lärm* macht man zum Beispiel beim *Peitschenknallen* oder Goaßl-

schnalzen, wie es im Alpenland heißt. Das ist eine Kunst, die lange geübt werden muss. Die Peitschenschnur ist bis zu acht Meter lang. So ein Schnalzer kracht wie ein Gewehrschuss.
*Frühlingsfeuer* oder *Osterfeuer* werden auf Anhöhen entzündet. Junge Leute springen über die Flammen und lassen mannshohe Holzräder, heute sogar Autoreifen, brennend den Abhang hinunterrollen. Das Rad ist ein Sonnenzeichen und soll Segen auf die Felder bringen.
Zu Ostern zündeten die Bäuerinnen das Holz im Herd nur mit geweihtem Feuer an. Von einem Scheiterhaufen, den der Pfarrer geweiht hatte, trugen die Kinder brennende Holzscheite nach Hause. Damit wurde das Holz in der Küche entfacht. Seitdem es in fast allen Häusern elektrische Herde oder Gas gibt, hat auch dieser Brauch sein Ende gefunden.
Aber Lichterprozessionen kann man im Alpenland heute noch erleben. Nach dem Gottesdienst entzündet jeder seine Kerze an der dicken Osterkerze am Altar. Diese Lichter werden auf den Friedhof getragen.
Feuer und Wasser sind mächtige Naturelemente. Im Wasser steckt eine ganz besondere Kraft. Ohne Wasser ist Leben nicht möglich. *Brunnen und Quellen* dürfen nicht versiegen. Früher stellte man sich das Wasser von Geistern bewohnt vor, die verehrt werden mussten. In manchen Gegenden werden noch heute Brunnen und Quellen mit dem ersten frischen Grün oder mit Girlanden aus Ostereiern geschmückt.
Es gibt noch einen anderen Wasserzauber: das *Schöpfen des Osterwassers*. Um schön und gesund zu bleiben, muss man es am Ostermorgen vor Sonnenaufgang aus der Quelle oder dem Bach schöp

fen. Man muss es trinken oder sich darin waschen. Der Zauber ist aber nur wirksam, wenn man auf dem ganzen Weg kein einziges Wort spricht. Auch lachen darf man nicht. Wenn die Mädchen aus dem Dorf zum Wasserschöpfen gingen, lauerten ihnen die Burschen auf und versuchten, sie zu erschrecken oder zum Lachen zu bringen. Damit wäre aber alles verdorben gewesen! Das geht auch aus einem alten Spruch hervor:

*Musst dich ducken,*
*schöpfst Wasser raus.*
*Darfst nicht mucken,*
*sonst wird nichts draus!*

Eine weitere Beschwörungsform ist das *Rutenschlagen*. Es hat eine zweifache Bedeutung. Einmal sollen die Schläge auf den Boden die Frühlingsgötter wecken und an ihre Pflicht erinnern. Man schlägt sich aber auch gegenseitig mit Ruten. Hier ist die Rute ein Sinnbild für das Leben, dessen Kraft durch den Schlag in den andern hineinfließen soll.

Die Rute spielt noch heute eine Rolle, und zwar am *Palmsonntag*. Da nämlich dürfen die Frühaufsteher die Langschläfer mit Ruten aus dem Bett treiben. Der zuletzt Aufgestandene ist der *Palmesel*. Er bekommt Eselsohren aufgesetzt und wird von allen ausgelacht.

Das Schlagen mit der Rute stammt also noch aus vorchristlichen

Bräuchen; Palmesel und Palmzweige kommen jedoch eindeutig aus der biblischen Geschichte:
Christus ist auf einem Esel in Jerusalem eingezogen und das Volk hat ihn mit Palmzweigen empfangen. Dieses Ereignis wird im Johannesevangelium so beschrieben:

*Des andern Tages, da viel Volks hörte, dass Jesus käme nach Jerusalem, nahmen sie Palmzweige und gingen hinaus ihm entgegen und schrien: »Hosianna! Gelobt sei, der da kommt im Namen des Herrn, der König von Israel!« Jesus aber fand ein Eselsfüllen und ritt darauf, wie denn geschrieben steht: »Fürchte dich nicht, du Tochter Zion! Siehe, dein König kommt, reitend auf einem Eselfüllen.«*

Palmzweige und Esel sind Zeichen des Palmsonntags (Sonntag vor Ostern). Da in Deutschland aber keine Palmen wachsen, werden die blühenden Kätzchen von Weide oder Haselstrauch zu Büscheln gebündelt und *Palmkätzchen* genannt. Auch aus anderen Zweigen und jungem Grün macht man *Palmbuschen.* Hier wird ganz deutlich, wie ein vorchristlicher Brauch einen christlichen Inhalt bekommen hat: Aus der grünen Lebensrute ist das Palmsymbol geworden.
Das ganze Frühjahr hindurch wurden übrigens Umzüge veranstaltet, bei denen geschmückte Zweige oder Stöcke mitgeführt wurden, die »Sommertagsstecken«.
Obwohl die Palmbuschen jetzt einen christlichen Sinn haben, rankt sich noch viel alter Zauber um sie. Es ist gar nicht lange her, da glaubte man an allerlei Kräfte, die in den Zweigen stecken sollten. Ein geweihter Palmbusch wurde zum Beispiel das Jahr über auf dem Dachboden aufbewahrt zum Schutz gegen Feuer und Blitzschlag.

Ein Feuer breitet sich schnell aus und bringt die Menschen oft um ihre gesamte Habe. Selbst heute in unserer hochtechnisierten Zeit hören wir immer wieder von Großbränden, die nicht zu löschen waren. Wie viel mehr mussten die Menschen früher solche Brände fürchten. Die Häuser waren vorwiegend aus Holz gebaut, viele hatten Strohdächer und das Löschwasser musste mühsam in Eimern herbeigeschleppt werden. Da war ein zauberkräftiger Palmbusch besser als nichts!
Aber auch vor Krankheit bei Mensch und Vieh sollten die Palmkätzchen schützen. Was man da trieb, sieht wirklich ein bisschen nach Zauberei aus: Drei Palmkätzchen musste man schlucken, drei in den Brunnen werfen, drei ins Feuer legen und eine Hand voll unters Viehfutter mischen.

Am Palmsonntag wurden seit dem frühen Mittelalter Umzüge veranstaltet. Oft wurde ein hölzerner Esel mitgeführt, auf dem eine Christusfigur saß. Manchmal ritt aber auch der Pfarrer auf einem lebendigen Esel in der Prozession mit. Diese Umzüge arteten im Lauf der Zeit zu einem wilden Treiben aus. Die Leute kamen sogar mit Eseln und anderen Tieren in die Kirche.
Im Mittelalter ging es beim Gottesdienst nicht immer nur feierlich zu. Wenn zum Beispiel die Ostergeschichte in einem Spiel dargestellt wurde, nahm die Gemeinde laut und lebhaft Anteil daran. Vor allem wenn nicht nur der Engel, sondern auch ein Teufel vor dem Grab Christi saß. Da warteten alle darauf, den Teufel tüchtig verprügeln zu können.
Selbst der Pfarrer erzählte Witze von der Kanzel herunter, um die Gemeinde zum Lachen zu bringen.

Später wurden all diese Späße als Entweihung aus der Kirche verbannt.
Noch bis zum Anfang unseres Jahrhunderts gab es Osterspiele, bei denen die Auferstehung dramatisch nachgestellt wurde: Wächter saßen in voller Rüstung vor dem Grab, das mit einem Stein verschlossen war. Plötzlich krachte es, Ketten rasselten, die Wächter stürzten zu Boden und der Stein rollte mit Gepolter beiseite. Wenn dann der Ruf ertönte: »Christ ist erstanden!«, saß ein Engel vor dem offenen Grab und der Auferstandene thronte mit der Osterfahne über der Szene.

Die meisten der hier beschriebenen Osterbräuche sind kaum mehr bekannt. Es gibt aber einen Brauch, der noch heute vor allem in ländlichen katholischen Gemeinden lebendig ist: Die *Speisenweihe* am Ostersonntag: Die Gläubigen bringen einen Korb mit Osterfladen, Eiern, Salz, geräuchertem Speck und Butter zum Weihen in die Kirche. Für das Formen der Butter werden spezielle Modeln verwendet, durch die die Butterlaiber das Aussehen von Lämmchen erhalten. Das Osterlamm gehört unbedingt dazu; es wird auch oft aus Biskuitteig gebacken und bekommt eine Osterfahne zwischen die Vorderbeine gesteckt.

# Osterhase und Osterei

Wenn man nachschlägt, was im Lexikon über den Osterhasen steht, wird man enttäuscht. Niemand scheint genau zu wissen, wie der Hase in unsere Osterbräuche geraten ist. Wahrscheinlich liegt es an seiner Fruchtbarkeit. Er bekam dadurch eine ähnliche Bedeutung wie das Ei. Das Ei nämlich war schon in alter Zeit ein Sinnbild für Fruchtbarkeit und Erneuerung des Lebens. In den Sagen einiger Völker wird sogar erzählt, dass die gesamte Schöpfung aus einem riesigen Weltei hervorgegangen ist.

Dass im Ei schon immer besondere Lebenskräfte vermutet wurden, lässt sich auch an Grabbeigaben erkennen. In Gräbern aus vorgeschichtlicher Zeit fanden sich zum Beispiel Straußeneier. Sie deuten darauf hin,

dass man den Toten Kräftefür ihre Wiedergeburt in einem neuen Leben mitgeben wollte. In christlichen Gräbern aus dem 10. Jahrhundert entdeckte man ebenfalls Eier als Beigaben. Sie waren übrigens rot und sie sind ein Beweis dafür, dass schon vor tausend Jahren Eier gefärbt wurden.

Lange Zeit wurde ausschließlich Rot für die Ostereier verwendet. Erst vor ungefähr dreihundert Jahren kamen auch andere Farben auf. Damals nahm man nur Naturfarben; z. B. Spinatsaft für grüne Eier, Zwiebelsaft für gelbe, Malvensaft für blaue und Rote-Rüben-Saft für rote. Zunächst waren die Ostereier nur einfarbig. Später wurden sie mit bunten Mustern und Bildern verziert. Sogar Schmuckeier wurden hergestellt aus echtem Silber und Gold mit Edelsteinen besetzt. Diese Mode kam in Russland auf. Es war üblich, dass der Zar seiner Familie und hohen Beamten solche kostbaren Eier schenkte. Wohlhabende Bürger machten ihm das nach.

Die ersten Berichte vom Verstecken und Suchen der Ostereier stammen aus dem 17. Jahrhundert. Ebenso alt sind die Wettspiele mit hart gekochten Eiern, die zum Teil heute noch bekannt sind.

*Eierschiebeln:* Ostereier werden einen Abhang hinuntergerollt. Die zerbrochenen Eier bekommt derjenige, dessen Ei ganz geblieben ist.

*Eierlaufen:* Mit einem Ei, das auf einem Holzlöffel gelegt wird, muss man zu einem bestimmten Ziel laufen, wobei das Ei nicht vom Löffel fallen darf.

*Eierpecken (oder Eierhiggen):* Zwei Eier werden aneinandergeschlagen, bis eines zerbricht. Dabei sagt man: »Higgo, higgo, Spitz auf Spitz.« Der Sieger kassiert das zerbrochene Ei.

*Eierklauben:* Ein Spiel, bei dem zwei Parteien gegeneinander antreten. Fünfzig bis hundert Eier werden im Freien ausgelegt. Ein Spieler der einen Partei bekommt einen Korb und muss so viele Eier wie möglich aufsammeln. Währenddessen läuft ein Spieler der anderen Partei an ein festgelegtes Ziel. Dort muss er eine Fahne abholen und zurückrennen. Beide müssen natürlich so schnell wie möglich sein; denn der Sammler darf nur so lange Eier aufklauben, bis der Läufer mit der Fahne zurück ist.

Noch etwas zum Osterhasen! Auch er wird ähnlich wie die bunt gefärbten Ostereier zum ersten Mal vor etwa dreihundert Jahren schriftlich erwähnt. Natürlich fanden viele aufgeklärte Leute einen Eier legenden Hasen lächerlich. In einer Druckschrift aus dem Jahr 1682 steht:

*Solche Eier nennet man Haseneier aufgrund einer Fabel, mit der man Kindern und einfältischen Menschen weiszumachen suchet, der Osterhase lege die Eier.*

Der Osterhase hat sich aber gegen alle Aufklärungsversuche durchgesetzt. Er überdeckt sogar häufig den eigentlich religiösen Sinn des Festes. Auf die Frage »Was fällt euch zuerst ein, wenn ihr an Ostern denkt?« haben Kinder aus drei Schulklassen zwischen sieben und zehn Jahren ausnahmslos geantwortet: »Der Osterhase!«

# Vom Fasten und von der Fastnachtszeit

In unserem Land, in dem Überfluss herrscht, wird viel vom Fasten geredet. Viele Leute fasten, weil sie nicht dick werden wollen. Andere fasten aus Gesundheitsgründen. Es reinigt den Körper, sagen wir. Dass es auch den Geist und die Seele reinigt, wollen wir nicht mehr so recht glauben.

In allen Religionen gibt es Fastenzeiten. Sie sollen bewirken, die Seele leicht und frei zu machen, indem der Körper nicht mit Nahrung belastet wird: Der Medizinmann fastet, wenn er sich für eine göttliche Weisung öffnen will. Indianerknaben fasten, bevor sie in die geheimen Gesetze ihres Stammes eingeweiht werden. Und auch die christliche Kirche hat Fastenregeln.

Vor Ostern gab es früher eine vierzigtägige Fastenzeit, die von Aschermittwoch bis Ostersamstag dauerte. Das war allerdings kein radikales Fasten, sondern Genügsamkeit im Essen. Gläubige Christen nahmen während dieser Zeit nur eine einzige Mahlzeit am Tag zu sich. Die vierzigtägige Enthaltsamkeit hat die katholische Kirche inzwischen aufgegeben. Als wichtige Fastentage sind Aschermittwoch und Karfreitag geblieben.

Wenn am Aschermittwoch die Fastenzeit beginnt, sollen die Menschen Buße tun, das heißt ihre Sünden bereuen und um Vergebung bitten.

In der katholischen Kirche gibt es dazu einen besonderen Brauch: Die Asche der Palmsonntagszweige wird aufbewahrt und im folgenden Jahr vom Priester geweiht. Mit dieser Asche macht er ein

Kreuzzeichen auf die Stirn oder den Scheitel der Gläubigen, zum Zeichen der Vergänglichkeit des Lebens.

Weil Fleisch zu den verbotenen Speisen der Fastentage gehört, ist es Sitte, am Aschermittwoch Fisch zu essen. Das Gleiche gilt für den Karfreitag.
Die Fastenzeit vor Ostern soll eine Vorbereitung auf das Leiden und Sterben von Jesus Christus sein. Ganz anders als heute haben die Menschen früher diese Wochen als Trauerzeit empfunden. Laute Vergnügungen fanden nicht statt. In den Kirchen wurden die bunten Altarbilder mit schwarzen oder violetten Tüchern verhängt. Das ist heute noch üblich. Eine volkstümliche Bezeichnung dieser Fastentücher ist »Hungertuch«. Daher also kommt der Ausspruch »am Hungertuch nagen«, das bedeutet »kärglich leben«.
In der Karwoche (der Woche vor Ostern) mussten sogar die Kirchenglocken schweigen. Von Gründonnerstag bis Karsamstag wurde nicht geläutet. Um den Gläubigen die Zeiten der Gottesdienste anzukündigen, liefen Buben mit Rasseln oder Ratschen durch die Straßen.
Bevor diese lange Zeit der Einschränkung begann, wollten alle ihre Lebenslust noch einmal richtig austoben. Das taten sie am Tag vor Aschermittwoch, am Fastnachtsdienstag. Fastnacht bedeutet Vorabend der Fastenzeit.
Die frühesten Formen der Fastnacht im Mittelalter waren Trinkgelage, Tanz und Wettspiele zu Pferd. Vom 15. Jahrhundert an gab es auch Maskenumzüge. Sie wurden zuerst von den Handwerkszünften veranstaltet.
Hinter einer Maske verborgen, traut sich jeder leichter, Unfug zu machen. Deshalb maskierten sich immer mehr Leute und das Treiben wurde wilder und toller. Vor allem Teufel, Hexen und gehörnte Tiergestalten waren beliebt, um Schrecken zu verbreiten. Es kamen

»Heischebräuche« auf, das heißt, die Maskierten forderten (heischten) Geschenke. Oft taten sie das mit Gewalt: Sie nahmen Leute gefangen, schwärzten sie mit Ruß oder drohten, sie in den Bach zu werfen. Man konnte sich nur loskaufen, wenn man Würste oder Krapfen hergab.

Im Alpenland heute noch gefürchtet ist das Haberfeldtreiben. Dabei ziehen grausig Vermummte durch die Dörfer und verkünden laut die Schandtaten ihrer Mitbürger. Da kommt einiges ans Licht, was mancher gern geheim gehalten hätte!

Aus dem einen Fastnachtstag vor Aschermittwoch ist eine ganze Reihe von Tagen voller Ausgelassenheit geworden. Heute erstreckt sich die Fastnachtszeit mit ihren Maskenveranstaltungen und Bällen über viele Wochen. Sie beginnt nach dem Dreikönigstag (6. Januar) und endet mit dem Fastnachtsdienstag. Höhepunkte sind aber die vier letzten Tage. Im Rheinland wird vor allem der Rosenmontag mit einem prächtigen Umzug gefeiert.

In Süddeutschland wird die Fastnacht »Fasching« genannt, im Rheinland »Karneval«. Für die Deutung dieses Wortes gibt es wieder einmal zwei Auffassungen:

1. Karneval kommt von dem lateinischen »carne vale« und bedeutet »Fleisch, lebe wohl!« als Anspielung auf die Fastenzeit, in der es kein Fleisch gibt.

2. Karneval kommt von »carrus navalis«. Das ist auch lateinisch und heißt »Schiffswagen«. Bei den Umzügen wurden nämlich Schiffe auf Rädern mitgeführt, sogenannte »Narrenschiffe«, in denen lustig maskierte Leute saßen.

# Der 1. April

*»Frag mal den Nachbarn, ob er uns seine Graszange leiht!«*

*»Geh, hol mir aus der Apotheke Ibidumm!«*

*»Vorsicht, du trittst in ein Luftloch!«*

So ähnlich ist bestimmt jeder schon einmal in den April geschickt worden – oder er hat andere damit hereingelegt.

Am 1. April muss man auf jeden Scherz gefasst sein. Sogar in den Zeitungen kann man verrückte Meldungen lesen, auf die viele Leser hereinfallen. In einer Münchner Zeitung stand einmal am 1. April: »Achtung! Umtausch von alten Hüten! Im Rathaus Zimmer 27 werden in der Zeit von elf bis zwölf Uhr fünf alte Hüte gegen einen neuen getauscht.« – Und man soll es nicht glauben, es kamen wirklich eine Menge Leute mit alten Hüten angelaufen! – April, April!

Warum ausgerechnet am 1. April?

Kein Lexikon kann darüber eine befriedigende Auskunft geben. Da steht nur: »Jemanden in den April schicken ist ein uralter Brauch, der über große Teile der Erde verbreitet ist.«

Aber etwas anderes steht da noch. Nämlich, dass der 1. April früher als Unglückstag galt und »Schwendtag« genannt wurde. Das Wort kommt von schwinden und will sagen, dass alles, was man an diesem Tag beginnt, kein gutes Ende nehmen kann, es »schwindet«. Dieser Aberglaube war so gefestigt, dass am 1. April keine wichtigen Entscheidungen getroffen wurden. Wer erkrankte oder sich verletzt hatte, dem sagte man einen schlechten Heilungsverlauf voraus. – Da ist es schon besser, dass aus dem Unglückstag jetzt ein Narrentag geworden ist!

# Von Hexen und Eisheiligen

Alt und unklar ist auch die Herkunft der Walpurgisnacht und der Eisheiligen. Beide stammen wahrscheinlich aus vorchristlichen Bräuchen.

Man sagte: In der Walpurgisnacht vom 30. April auf den 1. Mai reiten die Hexen auf Besen zum Blocksberg und führen dort wilde Tänze auf. Wo sie vorüberfegen, muss man einen Abwehrzauber bereit haben, damit sie nicht in die Häuser eindringen.

Hier ein paar Rezepte: geweihtes Salz auf die Türschwelle streuen. Ein zauberkräftiges Messer in den Türstock stoßen; zauberkräftig wird es, wenn man neun Halbmonde und neun Kreuze in den Holzgriff schnitzt. Harken, Rechen und Mistgabeln mit den Spitzen nach oben vor die Haustür stellen. Hexenfeuer auf den Feldern anzünden. Mit Dornengestrüpp die Stalltüren verrammeln. Peitschenknallen und Böllerschießen. Einen Hexenkranz unter der Decke aufhängen; er besteht aus einer Bärlapp-Ranke, an die Drudensterne gehängt werden. Die Drud ist ein zauberkundiges Wesen; ihr Zeichen ist ein fünfzackiger Stern.

Es gibt noch eine ganze Reihe wirksamer Mittel gegen Hexen. Wer mag, kann sie alle ausprobieren!
Die Bezeichnung Walpurgisnacht kommt übrigens von Walburga, altdeutsch Walpurgis. Nach dem christlichen Kalender ist am 1. Mai Namenstag der heiligen Walpurgis. Sie ist eine beliebte Volksheilige und wird zu Hilfe bei Augenleiden und Geburten angerufen. Dass die Nacht vor ihrem Namenstag von alters her die Hexennacht war, traf zufällig zusammen. Seither wird das Hexenfest Walpurgisnacht genannt, obwohl der Name einer Heiligen wirklich nicht dazu passt.

Mitte Mai, wenn alles schon in voller Blüte steht, kommt regelmäßig ein Rückschlag mit Kälte und manchmal sogar Nachtfrost. Das sind die Eisheiligen. Früher waren sie heidnische Gottheiten, jetzt sind sie zu christlichen Wetterheiligen geworden. Hier haben wir ein gutes Beispiel dafür, wie eine im Volksdenken verwurzelte Vorstellung umgewandelt wurde: Die Menschen waren gewohnt, die plötzlich eintretende Kälte mit dem Wirken göttlicher Mächte in Verbindung zu bringen. Die christliche Kirche nahm ihnen diesen Glauben nicht einfach weg, sondern setzte nur an die Stelle der Götter ihre Heiligen. Sie gab ihnen die Namen Pankratius, Servatius und Bonifatius.
Die Tage der drei Eismänner sind der 12., 13. und 14. Mai. Den Schluss macht am 15. Mai eine Eisfrau. Sie wird im Volksmund »kalte Sophie« genannt. In Wirklichkeit war diese Sophie eine Märtyrerin aus der Zeit der ersten Christenverfolgungen.

Jeder, der einen Garten oder Balkonblumen hat, weiß, dass empfindliche Pflanzen erst nach den Eisheiligen ins Freie gesetzt werden dürfen – und das ist bestimmt kein Aberglaube!

# Der Maibaum

In einer Polizeiverordnung aus dem Jahr 1637 wurde der Maibaum verdammt und als »unflätig, heidnisch Ding« bezeichnet. Also auch der Maibaum reicht zurück in vorchristliche Zeiten. Er gehörte zu Frühlingskulturen und Götterverehrung.

Seither haben die Bräuche um den Maibaum häufig gewechselt. Zuerst nahm man alle möglichen grünenden Bäume, vor allem die Birke. Später kam es auf, eine hohe Fichte zu fällen und auf dem Dorfplatz aufzustellen. Das ist der Maibaum, wie wir ihn heute noch überall in Süddeutschland und Österreich antreffen.

Für die Burschen der Dörfer ist das Aufstellen vor allem ein Kraftakt und eine Gaudi. Eine besonders schöne, gerade gewachsene Fichte wird im Wald ausgesucht. Der Bauer, dem der Wald gehört, muss den Baum stiften. Kurz vor dem 1. Mai wird er gefällt und entrindet; nur der Zweigbuschen am Wipfel bleibt stehen. Das muss aber heimlich geschehen, weil sich die Burschen der Nachbardörfer einen Spaß daraus machen, den gefällten Baum bei Nacht zu stehlen oder ihm den Wipfel abzuschlagen.

Deshalb wird der Maibaum bis zum Aufstellen bewacht.

Erst am Morgen des 1. Mai darf er ins Dorf transportiert und aufgestellt werden. Das Aufstellen ist ein gemeinschaftliches Werk der Dorfjugend, bei dem viel Kraft und viel Bier nötig sind.

Stück für Stück, mit untergelegten Hölzern und Hauruck, steigt der lange Stamm in die Höhe. Punkt zwölf Uhr mittags muss er stehen. Natürlich steht er nicht frei, sondern in einem tiefen Loch, das mit gestampfter Erde angefüllt ist. Damit er aber nicht nur als nackte Stange dasteht, haben die Mädchen ihn mit Girlanden und Kränzen aus Grünzweigen geschmückt.

Manchmal sieht man auch Maibäume mit bunten Figuren auf Querleisten rechts und links des Stammes. Das sind Bildzeichen der Bäcker, Maurer oder sonstiger Gewerbe des Ortes.

Wenn der Maibaum lange genug gestanden hat, wird er niedergelegt und versteigert. Der Erlös wird in Bier umgesetzt. Das gibt für die Dorfjugend natürlich noch einmal ein Fest.

# Die Tagundnachtgleiche

Dass der Frühlingsanfang auf den 21. März fällt, hängt mit der Tagundnachtgleiche zusammen; also mit einer Zeit, in der Tag und Nacht gleiche Länge haben. Sonst sind – je nach Jahreszeit – auf der nördlichen und südlichen Halbkugel unserer Erde entweder die Tage länger oder die Nächte. Das kommt daher, weil sich die Sonne im Sommerhalbjahr mehr dem Nordpol, im Winterhalbjahr mehr dem Südpol zuwendet. Nur in den tropischen Ländern unter dem Äquator ist das anders. Da sind Tag und Nacht das ganze Jahr über gleich lang. Die Sonne geht dort immer um sechs Uhr auf und um achtzehn Uhr unter.

Zweimal im Jahr aber geschieht es, dass auch bei uns Tag und Nacht gleich lang sind: Das ist um den 21. März zu Frühlingsanfang und um den 23. September zu Herbstanfang.

Nach der Tagundnachtgleiche am 21. März werden die Tage auf unserer nördlichen Erdhälfte länger und wärmer und wir merken: Der Frühling hat begonnen!

Christina Koenig

# Ponyhimmel Nr. 7

## Das Glück hat vier Beine

Paula ist glücklich, denn sie lebt jetzt auf dem Ferienhof Ponyhimmel Nr. 7. Schade nur, dass sie ihre alten Freundinnen nicht mehr so oft sehen kann. Und auf dem Nachbarhof wohnt die eingebildete Rosa. Doch schon am ersten Tag werden Rosas Pferde gestohlen und die Mädchen müssen zusammenhalten. Ob sie dabei auch Freundinnen werden?

88 Seiten • Kartoniert
ISBN 978-3-401-50635-7

## Beste Freundinnen im Pony-Glück

Paula bekommt Besuch von ihren Freundinnen aus Berlin, und Rosa fühlt sich wie das fünfte Rad am Wagen. Dann verschwindet auch noch Pony Patti, und dabei soll ihr Fohlen doch bald geboren werden … Jetzt müssen die Mädchen beweisen, dass beste Freundinnen immer zusammenhalten!

88 Seiten • Kartoniert
ISBN 978-3-401-50637-1

Arena

www.arena-verlag.de